PRIÈRE DU ROSAIRE

Dévotions sur le chapelet

Mise à jour 2022

Pierre d'Alger

DU MÊME AUTEUR

Prière du Rosaire : dévotions sur le chapelet

Chemins de croix et Paroles du Christ

Prières et Foi : confession catholique

Prières aux défunts : funérailles catholiques

Célébrations catholiques : sacrements et liturgies

Miracles et prophéties : signes de la Bible

Édition *Kindle direct publishing,* numérique et brochée, distribuée par *Amazon.*

INVITATION

La prière du *Rosaire* est un exercice de piété qui résume l'Évangile. En cela, elle est destinée à ceux qui ont la foi comme à ceux qui ne l'ont pas mais gardent leurs cœurs ouverts. Ici, elle est associée aux dévotions sur les chapelets de la Divine miséricorde, des sept joies, des sept douleurs et sur le chapelet et les prières des morts mais aussi à l'évocation de la présence et des paroles de Marie dans les Écritures.

Le recueil soutient la méditation sur les grands moments de la vie de Jésus et de Marie évoqués par les mystères joyeux, lumineux, douloureux et glorieux. De nombreuses illustrations, commentaires et citations accompagnent et soutiennent l'attention spirituelle, en accord avec la doctrine de la foi catholique. La prière est notamment inspirée par la lettre apostolique *Rosarium Virginis Mariae* du pape Jean-Paul II, invitant à *contempler avec Marie le visage du Christ*.

Dans sa dernière révision, l'ouvrage présente des éléments doctrinaux et une nouvelle dimension de Marie, *mère de mémoire*, éclairant le sens du témoignage énigmatique de Luc : *Marie cependant retenait tous ces événements et les méditait dans son cœur.* Lc 2.19

TABLE

Marie couronnée de roses, XIVe siècle

DU PSAUTIER AU ROSAIRE

Au premier millénaire, le *Psautier du Christ* faisait réciter cent cinquante *Pater Noster* en écho aux psaumes de la Bible sur un collier de grains, le *patenôtre*. Le *Psautier de la Vierge* instaura plus tard une prière d'*Ave Maria* à laquelle des Cisterciens associèrent l'évocation de l'*Incarnation*. La dévotion s'est répandue à travers tous les ordres religieux comme les Dominicains et les Chartreux qui introduisirent l'évocation des mystères de la *Passion* et de la *Résurrection*.

Le *Rosaire* est attribué, à titres divers dans l'antériorité, la composition ou la diffusion, à Dominique de Prusse, Dominique de Guzmán, saint Bernard de Clairvaux, Catherine de Sienne, Bernardino de Bustis, Pierre l'Ermite, Alain de la Roche et à de nombreux autres dévots.

Saint Dominique, au cours de sa lutte contre l'hérésie cathare, conduisit sa prédication en évoquant les mystères à travers la récitation du *Psautier,* suivant l'inspiration reçue lors d'une apparition de la Vierge en 1213. L'alternance entre des évocations, des demandes d'intercessions et des prières litaniques configura peu à peu la prière du *Rosaire*.

Alain de la Roche[1] professait quinze promesses attachées à la récitation du *Rosaire* telles que l'intercession pour demander des grâces, la protection, la libération des péchés, la promotion des vertus, une mort bienheureuse, le secours de l'Église, la délivrance des âmes du Purgatoire, le soutien et la protection de Marie.

Grignion de Montfort[2] promettait les bienfaits de la parfaite connaissance de Jésus-Christ, de la purification du péché, de la victoire contre l'ennemi, d'une conduite vertueuse, de l'amour du Seigneur, des grâces et des mérites et de la réconciliation d'avec Dieu et nos semblables.

Au lendemain de la bataille de Lépante[3], le pape Pie V instaura la fête de *Notre-Dame de la Victoire* devenue *Notre-Dame du saint Rosaire* puis *Notre Dame du Rosaire*, fêtée le premier dimanche d'octobre.

De nombreux papes et dévots ont encouragé la prière du *Rosaire* tant pour les grâces personnelles qu'elle dispense que pour les protections qu'elle octroie. Pie IX déclara qu'elle était attachée aux « *plus grandes victoires du Christianisme* » et qu'elle « *sauvera le monde* ».

La *prière du Rosaire,* comme les autres dévotions sur le chapelet, ne sont pas des *sacrements* mais des *sacramentaux*. Les *mystères lumineux* ont été proposés par Jean-Paul II dans sa lettre apostolique **Rosarium Virginis Mariae**. Le pape avait témoigné de son attachement à la prière :

Le Rosaire est ma prière préférée. C'est une prière merveilleuse. Merveilleuse de simplicité et de profondeur. [...] De tout cœur, je vous exhorte tous à la réciter. 29 octobre 1978

Jean-Paul II a tout particulièrement vénéré sainte Marie, adoptant *Totus Tuus* comme devise épiscopale et papale, inspirée par une prière du *Traité de la Vraie Dévotion à Marie* de saint Louis-Marie Grignion de Montfort : ***Totus Tuus** ego sum et omnia mea tua sunt. Accipio Te in mea omnia ! / Je suis **tout à toi**, et tout ce que j'ai est à toi. Sois mon guide en tout !*

Jean-Paul II perçoit avec une acuité exceptionnelle comment la dévotion à Marie nous aide à contempler le *visage du Christ* : « *Qui, mieux que Marie a vécu une vie simple en la sanctifiant ? Qui, mieux que Marie, a accompagné Jésus dans toute sa vie, joyeuse, souffrante et glorieuse, est entrée dans l'intimité de ses sentiments filiaux pour le Père, fraternels pour les autres ? Qui, mieux que Marie, associée maintenant à la gloire de son Fils, peut intervenir en notre faveur ? Elle doit maintenant accompagner votre vie. Nous allons lui confier cette vie. L'Église nous propose pour cela une prière, toute simple, le Rosaire, le chapelet, qui peut calmement s'échelonner au rythme de nos journées. Le Rosaire, lentement récité et médité, en famille, en communauté, personnellement, vous fera entrer peu à peu dans les sentiments du Christ et de sa Mère, en évoquant tous les événements qui sont la clef de notre salut. Au gré des Ave Maria, vous contemplerez le mystère de l'Incarnation du Christ, la Rédemption du Christ, et aussi le but vers lequel nous tendons, dans la lumière et le repos de Dieu. Avec Marie, vous ouvrirez votre âme à l'Esprit Saint, pour qu'Il inspire toutes les grandes tâches qui vous attendent. Que Marie soit votre guide et votre soutien. »* Jean-Paul II, 6 mai 1980.

MARIE

Les dogmes[4] mariaux ont été établis après que l'intuition de leur vérité ait germée dans l'esprit des Pères de l'Église et des fidèles. Marie de Nazareth est reconnue :

Mère de Dieu
Immaculée conception
Vierge perpétuelle
Assomption

Marie, Mère de Dieu.

Pour la défense de l'humanité vraie du Christ et contre le docétisme, l'Église ancienne a souligné que Jésus est né de Marie. Il n'avait pas simplement apparence humaine ; il n'est pas descendu du ciel dans un « corps céleste » et, pour sa naissance, il n'est pas simplement « passé à travers » sa mère. Au contraire, c'est de sa propre substance que Marie a enfanté son fils. Pour Ignace d'Antioche (†110) et Tertullien (†225), Jésus est pleinement homme parce que « vraiment né » de Marie. Celui qui est né de Marie est le Fils éternel de Dieu. Les Pères d'Orient et d'Occident comme Justin († 150), Irénée (†202 env.), Origène (†253) ont exposé cet enseignement du Nouveau Testament dans les termes d'Isaïe7.14 : elle accomplit la vision du prophète et donne naissance à *Dieu avec nous*. [...] Le titre de Marie, *Theotókos*, était officiellement invoqué pour sauvegarder la doctrine orthodoxe de l'unité de la personne du Christ. Ce titre fut en usage dans des Églises sous l'influence d'Alexandrie.

Marie est reconnue *mère de Dieu* au concile œcuménique d'Éphèse en 431.

Pour Paul VI, elle est *mère de l'Église*. Pour Vatican II, Marie est la figure de la maternité de l'Église, l'Église serait par analogie mère et vierge…

Marie, vierge perpétuelle.

Dès le premier siècle, la tradition de l'Église affirme la *conception virginale* de Jésus comme l'atteste Ignace d'Antioche (†110). Marie est reconnue *vierge perpétuelle* au 5ème concile œcuménique de Constantinople et au synode de Latran en 649 puis réaffirmé au 6ème concile de Constantinople en 681.

Marie, née par Immaculée conception.

La sainteté de Marie est le fruit de l'histoire du salut, Marie est la fille de Sion, le reste saint d'Israël. Marie est aussi la nouvelle Ève, épargnée par le péché originel. C'est pourquoi l'ange Gabriel lui dit *Réjouis-toi* (comme à la fille de Sion) et *comblée de grâce*. Marie est déclarée conçue par *Immaculée conception* par Pie IX en 1854.

Marie, montée aux cieux par Assomption.

La fête de l'Assomption remonte au moins au VIe siècle. Marie est reconnue avoir eu la grâce de l'*Assomption* après sa *dormition* par le Pie XII en 1950.

« Enfin la Vierge immaculée, préservée par Dieu de toute atteinte de la faute originelle, ayant accompli le cours de sa vie terrestre, fut élevée corps et âme à la gloire du ciel, et exaltée par le Seigneur comme Reine de l'univers, pour être ainsi plus entièrement conforme à son Fils, Seigneur des seigneurs, victorieux du péché et de la mort. » Vatican II. Lumen gentium

L'Assomption de la Vierge est une participation singulière à la Résurrection de son Fils et une anticipation de la résurrection des autres chrétiens.

« La bienheureuse Vierge est invoquée dans l'Église sous les titres d'avocate, d'auxiliatrice, de secourable, de médiatrice, tout cela cependant entendu de telle sorte que nulle dérogation, nulle addition n'en résulte quant à la dignité et à l'efficacité de l'unique Médiateur, le Christ » Lumen Gentium

Si l'Église reconnait Marie comme coopératrice de la Rédemption, elle écarte cependant sa qualification de *corédemptrice*. Dès le II siècle, saint Irénée (†202) déclare : *« par son obéissance Marie est devenue, pour elle-même et pour tout le genre humain, cause de salut ».* Saint Augustin (†430) attribuait à la Vierge le titre de « coopératrice » soulignant l'action *subordonnée* de Marie au Christ Rédempteur. Le même refus doctrinal est prononcé sur sa qualité de *médiatrice de toutes grâces*. Le juste culte de Marie reconnait Jésus comme l'*unique Médiateur* du salut. C'est dans cette acception que le *Rosaire* est prié.

Ces affirmations théologiques s'appuient sur une exégèse jamais achevée. Récemment, des recherches sur les textes des Évangiles en araméen antérieurs aux traductions en grec ont révélé un rôle insoupçonné jusque-là : *Marie, mère de mémoire*, au cœur de l'interprétation et de la composition des Évangiles. Une perspective magnifique qui attend sa confirmation et sa reconnaissance officielle. Le dernier chapitre en présente les grandes lignes.

MÉDITATION

L e *Rosaire* est un exercice de piété évangélique sanctifiant d'une très grande richesse méditative.

La prière du *Rosaire* résume l'Évangile, elle est prière et méditation sur les grands moments de la vie de Jésus et de Marie, depuis la naissance du Christ, sa vie publique, sa mort et sa résurrection.

« Marie intervient pour soutenir la prière que le Christ et l'Esprit font jaillir de notre cœur. La prière de l'Église est comme portée par la prière de Marie. En effet, si Jésus, l'unique Médiateur, est la Voie de notre prière, Marie, qui est pure transparence du Christ, nous montre la voie, et c'est à partir de cette coopération singulière de Marie à l'action de l'Esprit-Saint que les Églises ont développé la prière à la sainte Mère de Dieu, en la centrant sur la Personne du Christ manifestée dans ses mystères. [...] Le Rosaire est à la fois méditation et supplication. L'imploration insistante de la Mère de Dieu s'appuie sur la certitude confiante que son

intercession maternelle est toute puissante sur le cœur de son Fils. » <small>*Rosarium Virginis Mariae*</small>

« Le Rosaire, lentement récité et médité, en famille, en communauté, personnellement, vous fera entrer peu à peu dans les sentiments du Christ et de sa Mère, en évoquant tous les événements qui sont la clef de notre salut. » <small>*Jean Paul II*</small>

« Seule Marie peut former notre vie en profondeur dans le Mystère de Dieu puisque Marie réalise pleinement sa vocation en acceptant d'être la mère de Jésus-Christ, Fils de Dieu. Servante dans la foi, elle est la demeure du Seigneur, du Messie, du Serviteur Souffrant et tout en elle proclame la grâce de Dieu. Depuis l'Annonciation, Marie est en relation avec l'Esprit-Saint qui, à la Croix, donne vie à l'Église. Le Rosaire est la contemplation de la vie du Christ, né d'une femme pour ouvrir le monde au dessein d'amour du Père, et si l'image de l'Apocalypse atteint une telle ampleur, c'est parce qu'elle se réalise dans une personne qui est Marie. » <small>Marie-Joseph Le Guillou</small>

« Avec Marie, on tourne son cœur vers le mystère de Jésus. On place Jésus au cœur de notre vie, de notre temps, de nos villes, à travers la contemplation et la méditation de ses saints mystères de joie, de lumière, de douleur et de gloire... » <small>*Benoît XVI*</small>

La prière du Rosaire est *christologique*, en nous tournant vers le visage du Christ ; et *mariale*, en nous mettant à l'école de Marie.

La prière du Rosaire entre en résonnance avec l'homme, par l'évocation de sa condition et par son exercice faisant appel à la répétition, à la mémoire, à l'imagination, à la sensibilité et à l'écoulement du temps.

PRIER AVEC LE CHAPELET

La prière du *Rosaire* évoque quatre séries de cinq mystères :
Les **mystères joyeux** évoquent l'enfance de Jésus depuis l'annonciation faite à Marie, la visitation de Marie à Élisabeth, la naissance de Jésus, la présentation de Jésus, nouveau-né au Temple de Jérusalem jusqu'à son recouvrement, Jésus avait alors douze ans.

Les **mystères lumineux** évoquent des épisodes de la vie publique de Jésus à trente ans, depuis son baptême dans le Jourdain, son premier miracle lors des noces de Cana, sa prédication du Royaume, sa transfiguration et l'institution de l'Eucharistie la veille de sa Passion.

Les **mystères douloureux** nous font partager les quelques jours de la Passion de Jésus depuis son agonie à Gethsémani, sa flagellation, son couronnement d'épines, son chemin de croix, sa crucifixion et sa mort.

Les **mystères glorieux** célèbrent la révélation depuis la résurrection de Jésus, sa montée au ciel quarante jours après, la diffusion de l'Esprit-Saint aux apôtres, l'assomption de Marie et son couronnement de gloire.

Malgré leurs richesses, les mystères n'épuisent pas toutes les révélations des Évangiles vers lesquels il nous faut incessamment revenir.

Chaque mystère est prié sur un dizainier et chaque série de cinq mystères est priée et méditée sur un chapelet complet, soit cinquante petits grains. Une prière du *Rosaire* complète parcourt ainsi quatre chapelets, comptant deux cent petits grains.

Dans une prière plus courte on peut évoquer une série complète de mystères sur un dizainier, dans ce cas, tous les mystères sont évoqués sur un seul chapelet.

Ni le respect d'une technique de récitation, ni le nombre d'*Ave* prononcés, ni le temps consacré à la prière ne garantissent les grâces espérées. La démarche du *Rosaire* recèle un enjeu d'un autre ordre, celui de notre transparence et notre sincérité dans la communion avec Marie et Jésus. Mais la discipline dans l'exercice et le respect de la tradition témoignent aussi de notre engagement personnel et de notre fidélité à l'Église.

Lorsque vous priez, ne rabâchez pas comme les païens : ils s'imaginent qu'à force de paroles ils seront exaucés... votre Père sait de quoi vous avez besoin avant même que vous l'ayez demandé. Mt6.7

Oremus !

Prions un *Credo* sur le crucifix, un *Pater* et trois *Ave Maria* sur les premiers grains.

Je croix en Dieu...

Notre Père...

Je vous salue Marie... (3)

L'invocation de la série de mystères se fait sur la médaille de Marie, ou le cinquième grain, selon les chapelets.

Louis-Marie Grignion de Montfort propose la formule suivante adaptée à chaque mystère :

« *Nous vous offrons, Seigneur Jésus, cette dizaine / ce chapelet, en l'honneur* (du mystère médité), *et nous vous* demandons, par ce mystère et par l'intercession de votre Très sainte Mère, la grâce *(particulière, attachée à sa méditation).* » Chaque mystère de la série est ensuite évoqué à travers sa signification, des citations de l'Écriture, l'expression des fruits de sa méditation avant la récitation des dix *Ave Maria* et du *Gloria Patri.* La formule de Montfort, « *Grâce de (mystère médité), descendez en nos âmes.* » peut conclure chaque mystère.

Je vous salue Marie... (10)
Gloire au Père, au Fils et au Saint-Esprit...

Au terme d'un dizainier, d'un chapelet ou d'un *Rosaire* complet, un *Salve Regina* ou une *prière mariale,* comme la *litanie de la Sainte-Vierge,* peuvent être récités. Le *Stabat Mater Speciosa* est adapté aux mystères joyeux, le *Stabat Mater Dolorosa* aux mystères douloureux, le *Regina Cœli* aux mystères glorieux. L'*Angelus* célèbre l'*Annonciation,* le *Veni Sancte Spiritus* invoque la *Pentecôte.*

La récitation de l'*Ave Maria* offre l'occasion d'insérer une clausule liée à Jésus, évoquant le mystère médité, entre les deux parties de la prière, avant ou après « *est béni* ».
Exemple :

Je vous salue Marie, pleine de grâces, vous êtes bénie entre toutes les femmes et Jésus le fruit de vos entrailles – Jésus ressuscité d'entre les morts – est béni.
Sainte Marie, mère de Dieu...

Sur les trois premiers *Ave* du chapelet, nous pouvons évoquer les vertus théologales *(foi, espérance et charité)* que nous cherchons à faire croitre en nous.

Le *Rosaire* peut ainsi s'enrichir au risque de se surcharger, la méditation des mystères doit focaliser la prière.

Lors de la Toussaint, ou à tout moment pour entrer en communion avec les saints, la prière du *Rosaire* offre l'occasion d'invocations particulières sur chaque mystère.

Traditionnellement, on récite les mystères joyeux le lundi et le samedi, les mystères lumineux le jeudi, les mystères douloureux le mardi et le vendredi, les mystères glorieux le mercredi et le dimanche.

Prions :
Au Nom du Père, et du Fils, et du Saint-Esprit
In nomine Patris, et Filii, et Spiritus Sancti

CREDO

Symbole des Apôtres, ancien symbole baptismal de l'Église de Rome.

Réciter en tenant la croix :

Je crois en Dieu, le Père tout-puissant, créateur du ciel et de la terre ; et en Jésus-Christ, son Fils unique, Notre Seigneur, qui a été conçu du Saint-Esprit, est né de la Vierge Marie, a souffert sous Ponce Pilate, a été crucifié, est mort, a été enseveli, est descendu aux enfers, est ressuscité des morts le troisième jour ; est monté aux cieux, est assis à la droite de Dieu le Père tout-puissant ; d'où il viendra juger les vivants et les morts.

Je crois au Saint-Esprit, à la sainte Église catholique, à la communion des saints, à la rémission des péchés, à la résurrection de la chair, à la vie éternelle. Amen.

Credo in Deum, Patrem omnipotentem, Creatorem caeli et terrae, et in Iesum Christum, Filium eius unicum, Dominum nostrum qui conceptus est de Spiritu Sancto, natus ex Maria Virgine, passus sub Pontio Pilato, crucifixus, mortuus, et sepultus, descendit ad inferos, tertia die resurrexit a mortuis, ascendit ad caelos, sedet ad dexteram Dei Patris omnipotentis, inde venturus est iudicare vivos et mortuos. Credo in Spiritum Sanctum, sanctam Ecclesiam catholicam, sanctorum communionem, remissionem peccatorum, carnis resurrectionem, vitam aeternam. Amen.

Symbole de Nicée-Constantinople
Profession de foi issue des conciles œcuméniques de 325 et 381, commune aux Églises d'Occident et d'Orient.

Je crois en un seul Dieu, le Père tout-puissant, créateur du ciel et de la terre, de l'univers visible et invisible. Je crois en un seul Seigneur, Jésus-Christ, le Fils unique de Dieu, né du Père avant tous les siècles. Il est Dieu, né de Dieu, lumière, né de la lumière, vrai Dieu, né du vrai Dieu, engendré, non

*pas créé, consubstantiel au Père ; et par lui tout a été fait.
Pour nous les hommes, et pour notre salut, il descendit du
ciel ; par l'Esprit-Saint, il a pris chair de la Vierge Marie, et
s'est fait homme[5]. Crucifié pour nous sous Ponce Pilate, il
souffrit sa passion et fut mis au tombeau. Il ressuscita le
troisième jour, conformément aux Écritures, et il monta au
ciel ; il est assis à la droite du Père. Il reviendra dans la
gloire, pour juger les vivants et les morts ; et son règne
n'aura pas de fin.*

Je crois en l'Esprit-Saint, *qui est Seigneur et qui donne la
vie ; il procède du Père et du Fils ; avec le Père et le Fils, il
reçoit même adoration et même gloire ; il a parlé par les
prophètes.*

Je crois en l'Église, *une, sainte, catholique et apostolique.
Je reconnais un seul baptême pour le pardon des péchés.
J'attends la résurrection des morts, et la vie du monde à
venir. Amen.*

Credo in unum Deum, *patrem omnipotentem, factorem
caelis et terrae visibilium omnium et invisibilium. Et in
unum dominum Jesum Christum, filium Dei unigenitum, et
ex patre natum ante omnia saecula. Deum de Deo, lumen de
lumine, deum verum de Deo vero, genitum, non factum,
consubstantialem patri, per quem omnia facta sunt. Qui
propter nos homines et propter nostram salutme descendit
de caelis. Et incarnatus est de spiritu sancto ex maria
virgine, et homo factus est. Cruxificus etiam pro nobis sub
pontio pilato ; passus et sepltus est, et resurrexit tretia die,
secindum scriptura, et ascendit in cealum, sedet ad dexteram
patris. Et interum venturus est cum gloria, judicare vivos et
mortuos, cujus regni non erit finis. Et in spiritum sanctum,
dominum et vivificantem qui ex patre filioque procedit. Qui
cum patre et filio simul adoratur et conglorificatur qui
locutus est per prophetas. Et unam, sanctam, catholicam et
apostolicam ecclesiam. Confiteor unum baptisma in
remissionem peccatorum. Et expecto resurrectionem
mortuorum. Et vitam venturi saeculi. Amen.*

Symbole d'Athanase

La profession de foi du *Quicumque,* ou *Symbole d'Athanase*[6], exprime avec vigueur le dogme de la Trinité. Son usage est rare mais il confronte les fidèles aux dogmes de la foi catholique.

*Quiconque (**Quicumque**) veut être sauvé doit, avant tout, tenir la foi catholique : s'il ne la garde pas entière et pure, il périra sans aucun doute pour l'éternité.*

***Voici la foi catholique** : nous vénérons un Dieu dans la Trinité et la Trinité dans l'Unité, sans confondre les Personnes ni diviser la substance : autre est en effet la Personne du Père, autre celle du Fils, autre celle du Saint-Esprit ; mais une est la divinité du Père, du Fils et du Saint-Esprit, égale la gloire, coéternelle la majesté.*

Comme est le Père, tel est le Fils, tel est aussi le Saint-Esprit : incréé est le Père, incréé le Fils, incréé le Saint-Esprit ; infini est le Père, infini le Fils, infini le Saint-Esprit ; éternel est le Père, éternel le Fils, éternel le Saint-Esprit ; et cependant, ils ne sont pas trois éternels, mais un éternel ; tout comme ils ne sont pas trois incréés, ni trois infinis, mais un incréé et un infini. De même, tout-puissant est le Père, tout-puissant le Fils, tout-puissant le Saint-Esprit ; et cependant ils ne sont pas trois tout-puissants, mais un tout-puissant. Ainsi le Père est Dieu, le Fils est Dieu, le Saint-Esprit est Dieu ; et cependant ils ne sont pas trois Dieux, mais un Dieu. Ainsi le Père est Seigneur, le Fils est Seigneur, le Saint-Esprit est Seigneur ; et cependant ils ne sont pas trois Seigneurs, mais un Seigneur ; car, de même que la vérité chrétienne nous oblige à confesser que chacune des personnes en particulier est Dieu et Seigneur, de même la religion catholique nous interdit de dire qu'il y a trois Dieux ou trois Seigneurs.

Le Père n'a été fait par personne et il n'est ni créé ni engendré ; le Fils n'est issu que du Père, il n'est ni fait, ni créé, mais engendré ; le Saint-Esprit vient du Père et du Fils, il n'est ni fait, ni créé, ni engendré, mais il procède. Il n'y a donc qu'un Père, non pas trois Pères ; un Fils, non pas trois Fils ; un Saint-Esprit, non pas trois Saint-Esprit. Et dans cette Trinité il n'est rien qui soit avant ou après, rien qui soit plus grand ou plus petit, mais les Personnes sont toutes trois également éternelles et semblablement égales. Si bien qu'en tout, comme on l'a déjà dit plus haut, on doit vénérer, et l'Unité dans la Trinité, et la Trinité dans l'Unité. Qui donc veut être sauvé, qu'il croie cela de la Trinité.

Mais il est nécessaire au salut éternel de croire fidèlement aussi en l'incarnation de notre Seigneur Jésus-Christ. C'est donc la foi droite que de croire et de confesser que notre Seigneur Jésus-Christ, Fils de Dieu, est Dieu et homme. Il est Dieu, de la substance du Père, engendré avant les siècles, et il est homme, né de la substance de sa mère, dans le temps ; Dieu parfait, homme parfait composé d'une âme raisonnable et de chair humaine, égal au Père selon la divinité, inférieur au Père selon l'humanité. Bien qu'il soit Dieu et homme, il n'y a pas cependant deux Christ, mais un Christ ; un, non parce que la divinité a été transformée en la chair, mais parce que l'humanité a été assumée en Dieu ; un absolument, non par un mélange de substance, mais par l'unité de la personne. Car, de même que l'âme raisonnable et le corps font un homme, de même Dieu et l'homme font un Christ. Il a souffert pour notre salut, il est descendu aux enfers, le troisième jour il est ressuscité des morts, il est monté aux cieux, il siège à la droite du Père, d'où il viendra juger les vivants et les morts. À sa venue, tous les hommes ressusciteront avec leurs corps et rendront compte de leurs propres actes : ceux qui ont bien agi iront dans la vie éternelle, ceux qui ont mal agi, au feu éternel.

Telle est la foi catholique : si quelqu'un n'y croit pas fidèlement et fermement, il ne pourra être sauvé.

PATER NOSTER

Prière du Seigneur

La *Prière du Seigneur,* tirée du témoignage de Matthieu, « *résume tout l'Évangile* » selon Tertullien.

Réciter sur le premier gros grain du chapelet :

Notre Père, qui est aux cieux, que ton nom soit sanctifié, que ton règne vienne, que ta volonté soit faite sur la terre comme au ciel.
Donne-nous aujourd'hui notre pain de ce jour. Pardonne-nous nos offenses, comme nous pardonnons aussi à ceux qui nous ont offensés, et ne nous laisse pas entrer en tentation, mais délivre-nous du mal. Amen. [7]

Pater noster, qui es in caelis sanctificetur nomen tuum adveniat regnum tuum fiat voluntas tua sicut in caelo et in terra.
Panem nostrum quotidianum da nobis hodie et dimitte nobis debita nostra sicut et nos dimittimus debitoribus nostris et ne nos inducas in tentationem sed libera nos a malo. Amen.

AVE MARIA

L'*Ave Maria* s'inspire de l'Annonciation et de la Visitation, en reprenant des paroles de l'Ange Gabriel et d'Élisabeth.

Réciter sur les trois premiers petits grains :

Je vous salue Marie, pleine de grâce, le Seigneur est avec vous, vous êtes bénie entre toutes les femmes et Jésus, le fruit de vos entrailles, est béni.

> *Jésus qui augmente en nous la **foi**.*
> *Jésus qui affermit notre **espérance**.*
> *Jésus qui nous fait brûler de **charité**.*

Sainte Marie, Mère de Dieu, priez pour nous, pauvres pécheurs, maintenant et à l'heure de notre mort. Amen.

Ave Maria, gratia plena, Dominus tecum, benedicta tu in mulieribus, et benedictus fructus ventris tui Iesus.
Sancta Maria mater Dei, ora pro nobis peccatoribus, nunc, et in hora mortis nostrae. Amen.

GLORIA PATRI

Réciter sur le cinquième grain :

Gloire au Père, au Fils et au Saint-Esprit. Comme il était au commencement, maintenant et toujours dans les siècles des siècles. Amen.
Gloria Patri et Filio et Spiritui Sancto, sicut erat in principio, et nunc et semper, et in saecula saeculorum. Amen

Selon les traditions, une prière mariale peut suivre.
Évoquer l'un après l'autre les mystères **joyeux, lumineux, douloureux, glorieux** en suivant Marie et Jésus sur le chemin de la *Révélation*.

MYSTÈRES JOYEUX

(Lundi et samedi)

Annonciation faite à Marie
Visitation de Marie à Élisabeth
Nativité de Jésus
Présentation au Temple
Recouvrement au Temple

L'Ange du Seigneur annonce à Marie qu'elle sera la mère du Sauveur. *Le Verbe s'est fait chair et vient habiter parmi nous* comme le prophète Sophonie l'avait annoncé : *Réjouis-toi, fille de Sion. Le Seigneur est avec toi et prend en toi sa demeure.*

Les cinq mystères joyeux évoquent les épisodes les plus signifiants de l'enfance de Jésus, ils révèlent sa divinité et la promesse du salut, mais aussi la prophétie des épreuves liées à sa mission.

« Par les mystères joyeux, Marie nous conduit à la connaissance du secret de la joie chrétienne, en nous rappelant que le christianisme est avant tout Bonne Nouvelle, dont le centre, plus encore le contenu lui-même, réside dans la personne du Christ, le Verbe fait chair, l'unique Sauveur du monde. [...] Méditer les mystères joyeux veut donc dire entrer dans les motivations ultimes et dans la signification profonde de la joie chrétienne. Cela revient à fixer les yeux sur la dimension concrète du mystère de l'Incarnation et sur une annonce encore obscure et voilée du mystère de la souffrance salvifique. » Jean Paul II

Prions :
Nous vous offrons, Seigneur Jésus, ce chapelet, en l'honneur des **mystères joyeux***, et nous vous demandons, par l'intercession de votre Très sainte Mère, la grâce de la confiance, de l'obéissance, de la charité, de la joie, de l'humilité, de la pureté et de la sagesse.*

Évoquons successivement Saint Gabriel, sainte Marthe, la sainte Famille, saint Syméon, saint Jérôme et saint Augustin.

La Sainte Famille en Égypte

Les mystères joyeux font écho à la prophétie d'Isaïe :
C'est pourquoi le Seigneur lui-même vous donnera un signe : Voici que la vierge est enceinte, elle enfantera un fils, qu'elle appellera Emmanuel (Dieu-avec-nous). Is7.14

1- ANNONCIATION FAITE À MARIE

Confiance - Obéissance

L'Ange Gabriel annonce à Marie qu'elle a été choisie. Marie accepte avec humilité et confiance. Par son *fiat*, elle devient la nouvelle Ève, celle qui fait la volonté du Seigneur.

Je te salue, comblée de grâce, le Seigneur est avec toi. [...] Réjouis-toi, Marie, sois sans crainte, car tu as trouvé grâce auprès de Dieu, tu concevras et enfanteras un Fils. Tu l'appelleras Jésus. Il sera appelé Fils du Très-Haut, il règnera pour les siècles et son règne n'aura pas de fin. Lc1.29

Voici la servante du Seigneur, qu'il me soit fait selon votre parole. Lc1.38

Nous vous offrons, Seigneur Jésus, cette dizaine, en l'honneur de l'Annonciation, et nous vous demandons, par l'intercession de votre Très sainte Mère, les grâces de la confiance et de l'obéissance.

Je vous salue Marie (10)
Jésus, dont l'ange Gabriel annonce la venue.[8]
Gloire au Père

Angelus
L'Ange du Seigneur apporta l'annonce à Marie. [...]

Gardons un cœur humble, obéissant et confiant.
Confions à Marie tous les enfants nés ou à naître.
Seigneur, que ta volonté soit faite !

2- VISITATION DE MARIE À ÉLISABETH

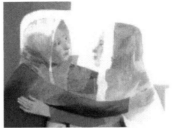

Charité - Générosité

Marie visite sa cousine Élisabeth, elle est heureuse de l'aider à préparer la naissance de Jean. Lors de la rencontre, celui-ci tressaille dans le ventre d'Élisabeth remplie alors de l'Esprit-Saint. Elle s'écrie alors : *Tu es bénie entre toutes les femmes et Jésus le fruit de tes entrailles est béni. [...] Marie dit alors : Mon âme exalte le Seigneur, mon esprit exulte en Dieu mon Sauveur.* Lc1.42-46

Nous vous offrons, Seigneur Jésus, cette dizaine, en l'honneur de la Visitation, et nous vous demandons, par l'intercession de votre Très sainte Mère, les grâces de la charité et de la générosité.

Je vous salue Marie (10)
Jésus, que tu portes en toi chez Élisabeth.
Gloire au Père

Magnificat
Mon âme exalte le Seigneur, exulte mon esprit en Dieu mon Sauveur ! [...]

Prions pour garder un cœur généreux.
Par charité, mettons-nous au service les uns des autres. Gal5
Confions à Marie les femmes portant un enfant.

3- NATIVITÉ DE JÉSUS

Humilité - Joie

La famille se construit autour de l'enfant dans la complémentarité de l'homme et de la femme. Joseph quitte Nazareth en Galilée pour rejoindre Bethléem sa ville d'origine en Judée où Marie donne naissance à Jésus : *elle l'emmaillota et le coucha dans une mangeoire.* Un ange avertit les bergers, offrant la première théophanie au peuple : *Je vous annonce une grande joie...aujourd'hui vous est né un Sauveur. [...] Les bergers repartirent ; ils glorifiaient et louaient Dieu pour tout ce qu'ils avaient entendu et vu selon ce qui leur avait été annoncé.* Lc2.14-20 *Marie cependant retenait tous ces événements et les méditait dans son cœur.* Lc2.19 Les rois mages se prosternent, première manifestation du Christ au monde : *Ils se prosternèrent et l'adorèrent. Ils ouvrirent ensuite leurs trésors, et lui offrirent en présent de l'or, de l'encens et de la myrrhe.* Mt2.11

Nous vous offrons, Seigneur Jésus, cette dizaine, en l'honneur de la Nativité, et nous vous demandons, par l'intercession de votre Très sainte Mère, les grâces de l'humilité et de la joie.

Je vous salue Marie (10)
Jésus, enfant dans tes bras.
Gloire au Père

Stabat Mater Specosa
La Mère merveilleuse se tenait, joyeuse, dans la crèche où dormait son enfant. [...]

Que chaque nouveau-né soit accueilli dans la joie et l'amour. Confions à Marie les enfants privés de l'amour d'une famille.

4- PRÉSENTATION AU TEMPLE

Pureté - Fidélité

Marie et Joseph présentent l'enfant nouveau-né au Temple de Jérusalem pour sa purification : *les parents de Jésus l'emmenèrent à Jérusalem pour le présenter au Seigneur.* Syméon, *un homme juste et religieux, qui attendait la Consolation d'Israël, et l'Esprit Saint était sur lui,* prophétise : *Maintenant, ô Maître souverain, tu peux laisser ton serviteur s'en aller en paix, selon ta parole... mes yeux ont vu le salut que tu préparais à la face des peuples : lumière qui se révèle aux nations... cet enfant provoquera la chute ou le relèvement de beaucoup... et pour être un signe contesté. Lc2.22-34* Au même moment, Anne, femme prophète, *proclamait les louanges de Dieu et parlait de l'enfant à tous ceux qui attendaient la délivrance de Jérusalem. Lc2.38*

Nous vous offrons, Seigneur Jésus, cette dizaine, en l'honneur de la Présentation au temple, et nous vous demandons, par l'intercession de votre Très sainte Mère, la grâce de la pureté et de la fidélité à la loi.

Je vous salue Marie (10)
Jésus, présenté au Temple pour sa consécration.
Gloire au Père

Que les parents accueillent leurs enfants dans l'amour et la foi. Confions à Marie ceux qui grandissent sans connaître l'Évangile.

5- RECOUVREMENT AU TEMPLE

Sagesse - Respect

Marie et Joseph vont au Temple avec Jésus lors de la fête de Pâques, il a douze ans. Ils le retrouvent après trois jours, il y instruisait les docteurs : *et tous ceux qui l'entendaient s'extasiaient sur son intelligence et sur ses réponses... Ne saviez-vous pas que je dois m'occuper des affaires de mon Père ?* Lc2.47 Jésus, fils du charpentier de Nazareth, témoigne d'une éducation spirituelle et morale exemplaire : *Il leur était soumis. Sa mère gardait dans son cœur tous ces événements.* Lc2.49 Marie a élevé son enfant au sacerdoce, il passe désormais sous l'autorité de Josèphe son Père.

Nous vous offrons, Seigneur Jésus, cette dizaine, en l'honneur du Recouvrement de Jésus, et nous vous demandons, par l'intercession de votre Très sainte Mère, les grâces de la sagesse et du respect de Dieu et des siens.

Je vous salue Marie (10)
Jésus, priant au Temple.
Gloire au Père

Prions Marie pour les familles chrétiennes.
Confions à Marie ceux qui n'écoutent pas la Parole et les enfants privés d'une éducation chrétienne.

L'épisode du recouvrement pourrait se rapporter à la *bar mitzva* (fils de la loi) de Jésus, consacrant sa majorité religieuse (l'équivalent de sa confirmation). S'il prolonge son séjour au Temple au-delà du jour de son admission, c'est qu'il enseigne comme rabbi sous la protection d'Hillel, doyen des rabbis et assistant du Grand Prêtre. Hillel est celui qui, avec Syméon, aurait formé Marie. C'est à ce titre officiel reconnu que plus tard, Jésus sera autorisé à enseigner dans les synagogues.

…

Chacun des mystères joyeux se prête à une exégèse approfondie avec « *l'humilité de respecter cette grandeur qui, avec ses exigences, nous dépasse souvent, et de ne pas réduire les paroles de Jésus à la question concernant ce dont nous pouvons le croire capable.* » Joseph Ratzinger, Benoît XVI, *L'enfance de Jésus.*

La réplique déconcertante de Jésus à ses parents lorsqu'ils le retrouve au Temple nous met en garde notamment contre une écoute de l'Évangile selon notre mesure.

Le Nouveau Testament recèle d'autres éclairages plus ou moins ténus sur la période préparant et accompagnant l'enfance de Jésus.

Des allusions, voire des silences, nous laissent deviner ou imaginer ce qui s'est passé au regard des connaissances que nous avons de la vie des populations de Palestine à cette époque.

L'enfance de Marie, sa vie de mère et d'épouse, la paternité de Joseph, son rôle décisif puis son effacement, l'évocation de la fuite en Égypte et bien d'autres épisodes entourant les mystères joyeux se prêtent à des spéculations et des interprétations fécondes.

Les récits apocryphes, dont certains ont inspiré la tradition, doivent être lus sous l'éclairage de la foi et du magistère de l'Église.

MYSTÈRES LUMINEUX

(Jeudi)

**Baptême au Jourdain
Noces de Cana
Annonce du Royaume
Transfiguration
Institution de l'Eucharistie**

Les cinq mystères lumineux révèlent le Christ en Jésus. Leur introduction augmente sa place dans un *Rosaire* originellement très orienté sur la figure de Marie. Leur ajout parachève la valeur catéchétique du Rosaire. Lui-même l'avait souligné : *Tant que je suis dans le monde, je suis la lumière du monde.* Jn9.5

« *Passant de l'enfance de Jésus et de la vie à Nazareth à sa vie publique, nous sommes amenés à contempler ces mystères que l'on peut appeler, à un titre spécial, mystères de lumière...*
En réalité, c'est tout le mystère du Christ qui est lumière. Il est la « lumière du monde » Jn8.12
Mais cette dimension est particulièrement visible durant les années de sa vie publique, lorsqu'il annonce l'Évangile du Royaume. » Jean Paul II

Prions :

*Nous vous offrons, Seigneur Jésus, ce chapelet, en l'honneur des **mystères lumineux**, et nous vous demandons par l'intercession de votre Très sainte Mère, les grâces de la fidélité au baptême, de la confiance dans le Christ, de l'intelligence de l'Évangile, de la contemplation de Jésus en Gloire, de la ferveur de la foi et de l'engagement apostolique.*

Invoquons successivement Saint Jean Baptiste, saint François d'Assises, saint Jean-Marie Vianney, saint Pierre, sainte Thérèse.

Saint Jean Baptiste Marie Vianney, curé d'Ars

1- BAPTÊME AU JOURDAIN

Fidélité

En baptisant Jésus, Jean révèle sa divinité : *Voici l'Agneau de Dieu, celui qui enlève le péché du monde.* Jn1.29 *Voici venir derrière moi celui qui est plus puissant que moi. Je ne suis pas digne de me courber à ses pieds pour défaire la courroie de ses sandales. Moi, je vous ai baptisés dans l'eau ; lui vous baptisera dans l'Esprit-Saint.* Mc1.7
Voici que les cieux s'ouvrirent, et il vit l'Esprit de Dieu descendre comme une colombe et venir sur lui. Et des cieux une voix disait : **Celui-ci est mon Fils bien aimé ; en lui j'ai mis tout mon amour.** Mt3.16
Dès son baptême, le baptisé est mis à épreuve au désert.

Nous vous offrons, Seigneur Jésus, cette dizaine, en l'honneur du baptême de Jésus, et nous vous demandons, par l'intercession de votre Très sainte Mère, la grâce de la fidélité aux promesses du baptême.
Je vous salue Marie (10)
Jésus, baptisé par Jean.
Gloire au Père

Prions pour que tous les baptisés soient fidèles à l'Évangile. Vous êtes devenus lumière dans le Christ. Marchez en enfant de lumière. Demeurez fidèle à la foi de votre baptême. Alors quand le Seigneur viendra, vous pourrez aller à sa rencontre avec tous les saints et vivre avec lui pour toujours.

Confions à Marie ceux qui trahissent ou renient la Parole par ignorance ou par orgueil.

2- NOCES DE CANA

Confiance

À Cana, Marie renouvelle son *fiat* et reste première intercétrice et première croyante. L'eau s'est changée en vin, premier miracle de Jésus, préfigurant le vin du dernier repas et les noces de Dieu. Jésus et Marie sont invités à un mariage à Cana, le vin commence à manquer, Marie manifeste à nouveau sa foi en Jésus : *Faites tout ce qu'il vous dira. [...] Jésus dit :* **remplissez d'eau ces jarres.** *Et ils les remplirent jusqu'au bord. Il leur dit :* **maintenant, puisez, et portez-en au maître du repas.** *[...] Alors le maître du repas interpelle le marié : ...toi, tu as gardé le bon vin jusqu'à maintenant.* Jn2.5-10

Dieu est attentif aux joies familiales et au mariage scellant l'alliance d'un homme et d'une femme comme l'alliance qu'il propose à son peuple.

Nous vous offrons, Seigneur Jésus, cette dizaine, en l'honneur du miracle des Noces de Cana, et nous vous demandons la grâce de son intercession et de la confiance en Jésus.

Je vous salue Marie (10)
Jésus, invité au repas de noce.
Gloire au Père

Sub tuum praesidium
Sous ta protection, nous nous réfugions sainte Mère de Dieu.

Prions pour que les familles invitent Jésus chez elles.
Confions à Marie les couples qui s'engagent dans l'amour et la foi.

3- ANNONCE DU ROYAUME

Intelligence - Courage

Après avoir repoussé les tentations au désert, Jésus proclame l'Évangile : *Quant Jésus vit la foule, il gravit la montagne. [...] Il disait :* **Heureux les pauvres de cœur, le Royaume des cieux est à eux !...** Mt5.1 **Tout ce que vous avez fait à l'un de ces petits qui sont mes frères, c'est à moi que vous l'avez fait.** Mt25.40 **Le royaume de Dieu est proche, convertissez-vous et croyez à l'Évangile.** Mc1.14

Nous vous offrons, Seigneur Jésus, cette dizaine, en l'honneur de l'Annonce du Royaume, et nous vous demandons par l'intercession de votre Très sainte Mère, la grâce de l'intelligence de l'Évangile et le courage de l'annoncer.

Je vous salue Marie (10)
Jésus, annonçant la Bonne Nouvelle.
Gloire au Père

Prions pour recevoir l'Esprit et la force d'annoncer la Bonne Nouvelle.
La prédication de Jésus est jalonnée de paroles et de gestes, de paraboles et de miracles, traçant le chemin qu'il nous invite à suivre.

Confions à Marie ceux qui sont sourds à la Parole.

4- TRANSFIGURATION

Transcendance - Espérance

Jésus prie sur le mont Thabor avec Jacques, Jean et Pierre : *Il fut transfiguré devant eux ; son visage devint brillant comme le soleil, et ses vêtements, blancs comme la lumière.* Mt17.1 ; ***Relevez-vous et n'ayez pas peur*** Mt17.7 et de la nuée, fit entendre une voix qui disait : ***Celui-ci est mon Fils élu, écoutez-le.*** Lc9.35

La Transfiguration de Jésus survient après la révélation de sa divinité aux Apôtres ; l'apparition d'Élie et Moïse marque la continuité de l'héritage de l'Alliance ; blancheur et lumière font éclater sa gloire.

Ce qu'est ce soleil pour les yeux de la chair, Jésus l'est pour les yeux du cœur. Saint Augustin

Nous vous offrons, Seigneur Jésus, cette dizaine, en l'honneur de la Transfiguration de Jésus, et nous vous demandons par l'intercession de votre Très sainte Mère, la grâce de le contempler Jésus en Gloire.

Je vous salue Marie (10)
Jésus, transfiguré en Gloire.
Gloire au Père

Prions pour reconnaître le Seigneur dans notre prochain.

Confions à Marie ceux qui ignorent la Vérité.

5- INSTITUTION DE L'EUCHARISTIE

Ferveur - Engagement

Melkisédek, roi de Salem, fit apporter du pain et du vin. Gn14.18

Jésus et les douze apôtres mangent la Pâque avant la Passion fidèles ainsi à l'héritage du grand prêtre mais plus encore : l'Eucharistie célèbre le partage du pain et du vin, don du Corps et du Sang du Christ.

Pendant le repas, Jésus prit du pain, prononça la bénédiction, le rompit et le donna à ses disciples, en disant : Prenez et manger, ceci est mon corps donné pour vous. Puis, prenant une coupe et rendant grâce, il la leur donna, en disant : Ceci est mon sang, le sang de l'Alliance nouvelle qui va être répandu pour une multitude en rémission des péchés. Mt26.26

Faites ceci en mémoire de moi. 1Co11.24

Jésus se révèle aux apôtres comme le pain de Vie : *Moi, je suis le pain de la vie. Celui qui vient à moi n'aura jamais faim ; celui qui croit en moi n'aura jamais soif.* Jn6.35

Le pain de la Pâques est rompu comme son corps va bientôt être rompu.

L'institution de l'Eucharistie est associée au lavement des pieds, témoignage du service et de l'humilité : *Jésus, sachant que le Père a tout remis entre ses mains, qu'il est venu de Dieu et qu'il retourne à Dieu, se lève de table, quitte son vêtement, et prend un linge qu'il se noue à la ceinture ; puis il verse de l'eau dans un bassin, il se met à laver les pieds des disciples et à les essuyer avec le linge qu'il avait à la ceinture. [...] Si donc moi, le Seigneur et le maître, je vous ai lavé les pieds, vous aussi vous devez vous laver les pieds les uns aux autres.* Jn13.3

Nous vous offrons, Seigneur Jésus, cette dizaine, en l'honneur de l'institution de l'Eucharistie, et nous vous demandons par l'intercession de votre Très sainte Mère, la grâce de communier avec ferveur et de nous engager à servir.

Je vous salue Marie (10)
Jésus, célébrant la Pâque.
Gloire au Père

Prions pour les vocations sacerdotales et pour que notre ferveur se renforce.

Confions à Marie ceux qui sont privés de l'Eucharistie.

...

Si après son intervention à Cana, Marie n'est plus évoquée, elle accompagne Jésus tout au long de sa prédication avec sa recommandation : *Faites tout ce qu'il vous dira.* Jn 2.5

MYSTÈRES DOULOUREUX

(Mardi et vendredi)

Agonie à Gethsémani
Flagellation
Couronnement d'épines
Portement de la croix
Crucifixion et mort

La Passion du Christ s'accomplit en près de dix-huit heures, un événement de portée universelle sur la condition humaine et le mystère de l'Incarnation de Dieu.

« Les mystères douloureux conduisent le croyant à revivre la mort de Jésus en se mettant au pied de la croix, près de Marie, pour pénétrer avec elle dans les profondeurs de l'amour de Dieu pour l'homme et pour en sentir toute la force régénératrice. » Jean Paul II

Le Christ nous délivre de nos péchés en nous révélant, sur la croix, l'amour de Dieu malgré tout et toujours. Marie nous appelle à la pénitence et à la prière pour les pécheurs.

Pendant le Carême, les mystères de la Passion sont plus spécifiquement médités sur le chemin de croix (Réf. *Chemins de croix -Paroles du Christ* de Pierre d'Alger).

Prions :
*Nous vous offrons, Seigneur Jésus, ce chapelet, en l'honneur des **mystères douloureux**, et nous vous demandons, par l'intercession de votre Très sainte Mère, les grâces de la confession des péchés, de la mortification des sens, de la libération intérieure, de la compassion et de la patience dans l'épreuve, de la conversion et du pardon.*

Invoquons successivement les saints martyrs, saint Laurent, saint Sébastien, saint Barthélémy, saint Étienne.

Le martyre de saint Etienne

1- AGONIE À GETHSÉMANI

Confession - Contrition

L'agonie est un combat[9], Jésus le mène par la prière à Gethsémani, au Jardin des Oliviers, accompagné de Pierre, Jacques et Jean : *Mon âme est triste à en mourir. Demeurez ici et veillez.* Mc14.34 *Veillez et priez pour ne pas entrer en tentation, l'esprit est ardent mais la chair est faible.* Mc14.38 Jésus contemple l'étendue du péché des hommes, ses disciples l'abandonnent dans sa veille et l'un d'eux le trahit. *Père, si tu veux, éloigne de moi cette coupe ! Pourtant, non pas ma volonté, mais la tienne. [...] C'en est fait. L'heure est venue : voici que le Fils de l'Homme est livré aux mains des pécheurs.* Mt14.38-41

Nous vous offrons, Seigneur Jésus, cette dizaine, en l'honneur de votre agonie, et nous vous demandons, par l'intercession de votre Très sainte Mère, les grâces de confesser nos péchés et de prier avec persévérance.

Je vous salue Marie (10)
Jésus, prenant sur lui nos péchés.
Gloire au Père

Résistons à la culture de mort et à la tentation de se détourner du Christ.
Confions à Marie ceux qui souffrent.
Persévérons dans la prière !

2- FLAGELLATION

Mortification - Humanité

Ponce Pilate dit à la foule : *Je ne trouve rien de coupable en cet homme.* Lc23.4

Pourtant, la foule, excitée par les prêtres et les scribes, hurle : *À mort ! Crucifie-le !... Nous n'avons pas d'autre roi que César.* Jn19.15

Hérode, ainsi que ses soldats, le traitèrent avec mépris et se moquèrent de lui. Pilate se résout à la mettre à mort après s'être *lavé les mains devant la foule.* Mt27.24

Le sauveur accepte avec patience ses souffrances. Pierre le renie trois fois et Juda se donne la mort.

Nous vous offrons, Seigneur Jésus, cette dizaine, en l'honneur de votre flagellation, et nous vous demandons, par l'intercession de votre Très sainte Mère, la grâce de la mortification des sens.

Je vous salue Marie (10)
Jésus, flagellé au sang.
Gloire au Père

Offrons nos souffrances pour le salut du monde.
Confions à Marie ceux qui sont abusés et ceux qui déforment le projet du Seigneur.
Persévérons dans le jeûne !

3- COURONNEMENT D'ÉPINES

Liberté intérieure

L'épreuve du couronnement d'épines après la flagellation mortifie la vanité et l'orgueil ajoutant à la souffrance physique l'humiliation.

Je suis Haut et Saint, mais je suis avec l'homme contrit et humilié. Is 57.15

Les soldats revêtent Jésus d'un manteau de pourpre et d'une couronne d'épines et se moquent de lui : *Salut Roi des Juifs ! ... Il lui frappait la tête... ils crachaient sur lui. Mc 15.19*

Pilate l'expose à la foule : *Voici l'homme ! [...] ils se mirent à crier : Crucifie-le ! Crucifie-le !*

Pilate doute mais cède à la haine.

Nous vous offrons, Seigneur Jésus, cette dizaine, en l'honneur de votre couronnement d'épines, et nous vous demandons par l'intercession de votre Très sainte Mère, la grâce de la libération de la vanité et de l'orgueil pour gagner la liberté intérieure.

Je vous salue Marie (10)
Jésus nous libère de l'orgueil.
Gloire au Père

Prions pour réparer les péchés contre la vie et l'amour et garder le courage de nous opposer à la haine.
Confions à Marie ceux qui sont habités par l'orgueil.
Nourrissons notre liberté intérieure !

4- PORTEMENT DE LA CROIX

Compassion - Patience

Le *chemin de croix* de Jésus invite à douze stations de méditation au cours desquelles Simon de Cyrène et les femmes de Jérusalem rachètent la foule qui vient de le livrer au supplice. *S'accablant lui-même de leurs fautes... il portait le péché des multitudes.* Is53.5
Jésus porte la croix jusqu'au Golgotha où il doit être crucifié. *Pendant qu'ils l'emmenaient, ils mirent la main sur un certain Simon de Cyrène qui revenait des champs, et le chargèrent de la croix pour la porter derrière Jésus.* Lc23.26 *Une grande masse du peuple le suivait, ainsi que des femmes qui se frappaient la poitrine et se lamentaient sur lui. Mais, se retournant vers elles, Jésus dit :* **Filles de Jérusalem, ne pleurez pas sur moi ! Pleurez plutôt sur vous-mêmes et sur vos enfants !** Lc23.27

Nous vous offrons, Seigneur Jésus, cette dizaine, en l'honneur de votre chemin de croix, et nous vous demandons par l'intercession de votre Très sainte Mère, les grâces de la patience dans l'épreuve et de la compassion.

Je vous salue Marie (10)
Jésus, portant la croix.
Gloire au Père

Prions pour garder le courage de porter notre croix avec dignité et de soulager celle des autres.
Confions à Marie ceux qui se consacrent à soulager la souffrance des autres.

5- CRUCIFIXION ET MORT

Conversion - Pardon

Des heures de supplice rendent témoignage de l'amour de notre Seigneur :

Tu as racheté pour Dieu par ton sang, des hommes de toute tribu, et langue, et peuple, et nation. Ap5.9

Jésus crucifié connait le doute de l'humanité : ***Mon Dieu, mon Dieu, pourquoi m'as-tu abandonné.*** Mt27.46

Les bras en croix embrassant l'humanité, il offre le pardon du Père : ***Père, pardonne-leur car ils ne savent pas ce qu'ils font.*** Lc23.34 et l'ouvre à l'espérance : ***Père, entre tes mains, je remets mon esprit.*** Lc23.44

Il est trois heures de l'après-midi lorsque l'un des suppliciés se convertit : *Jésus, souviens-toi de moi, lorsque tu viendras dans ton royaume.* Lc23.42

Jésus nous confie sa Mère, pour qu'elle devienne la nôtre : ***Femme, voici ton fils.*** *Puis il dit au disciple :* ***Voici ta mère.*** Jn19.25

Nous vous offrons, Seigneur Jésus, cette dizaine, en l'honneur de votre crucifixion, et nous vous demandons par l'intercession de votre Très sainte Mère que vous nous avez confiée, la grâce de pardonner et de se convertir.

Je vous salue Marie (10)

Jésus, crucifié.

Gloire au Père

SarbaMaterDolorosa

Debout, la Mère, pleine de douleur, se tenait en larmes, près de la croix, tandis que son Fils subissait son calvaire. [...]

Prions pour trouver la force de pardonner et de convertir. Restons fidèles à Marie et confions-lui ceux qui sont accablés.

...

Pour réconcilier en lui tous les hommes, voués à la mort à cause du péché, Dieu a pris l'initiative pleine d'amour d'envoyer son Fils afin qu'il se soumette à la mort pour les pécheurs. Annoncée dans l'Ancien Testament, en particulier comme sacrifice du Serviteur souffrant, la mort du Christ est arrivée « selon les Écritures ». CCEC118
Jésus a librement offert sa vie en sacrifice d'expiation, c'est-à-dire qu'il a réparé nos fautes par la pleine obéissance de son amour jusqu'à la mort. Cet amour jusqu'au bout Jn13.1 du Fils de Dieu réconcilie toute l'humanité avec le Père. Le sacrifice pascal du Christ rachète donc tous les hommes d'une façon unique, parfaite et définitive, et leur ouvre la communion avec Dieu. CCEC122

Par la mort de Jésus-Christ, Dieu vient nous chercher dans notre humanité mortelle pour nous ouvrir à l'espérance. Pour nous y engager, il nous faut renoncer à la révolte et lui faire confiance.

MYSTÈRES GLORIEUX
(Mercredi et dimanche)

Résurrection de Jésus
Ascension de Jésus
Pentecôte
Assomption de Marie
Couronnement de Marie

Cinquante jours décident de l'aventure chrétienne en trois coups décisifs : Résurrection, Ascension et Pentecôte ! Le Christ se laisse voir aux femmes, aux Apôtres, aux compagnons d'Emmaüs avec délicatesse, sans miracle extravagant, touchant les cœurs dans leur intimité, comme il ne cesse de le faire jusqu'à nos jours.

« La contemplation du visage du Christ ne peut s'arrêter à son image de crucifié. Il est le Ressuscité ! Depuis toujours le Rosaire exprime cette conscience de la foi, invitant le croyant à aller au-delà de l'obscurité de la Passion, pour fixer son regard sur la gloire du Christ dans la Résurrection et dans l'Ascension. [...] Les mystères glorieux nourrissent ainsi chez les croyants l'espérance de la fin eschatologique vers laquelle ils sont en marche comme membres du peuple de Dieu qui chemine à travers l'histoire. » Jean Paul II

Christ hier, Christ aujourd'hui, Christ à jamais. En Église, nous allons ensemble vers la lumière du Christ ressuscité !

Prions :
*Nous vous offrons, Seigneur Jésus, ce chapelet, en l'honneur des **mystères glorieux**, et nous vous demandons, par l'intercession de votre Très sainte Mère, les grâces d'une foi fervente, d'une espérance confiante, de l'inspiration du Saint-Esprit, de la dévotion et de l'adoration.*

Jésus et les compagnons d'Emmaüs

Sur notre chemin, restons attentif à l'autre, nous pourrions reconnaitre Jésus.

Quand il fut à table avec eux, ayant pris le pain, il prononça la bénédiction et, l'ayant rompu, il le leur donna. Alors leurs yeux s'ouvrirent, et ils le reconnurent, mais il disparut à leurs regards. Lc24.30

La Résurrection est le point culminant de l'Incarnation. Elle confirme la divinité du Christ, ainsi que tout ce qu'il a fait et enseigné. Elle réalise toutes les promesses divines en notre faveur. De plus, le Ressuscité, vainqueur du péché et de la mort, est le principe de notre justification et de notre résurrection. Dès à présent, elle nous procure la grâce de l'adoption filiale qui est une participation réelle à la vie du Fils unique, lequel, à la fin des temps, ressuscitera notre corps. CCEC131

1- RÉSURRECTION DE JÉSUS

Foi

La *Résurrection* reste un mystère fondateur, éclairé par la foi : *Christ est ressuscité ! Il est vraiment ressuscité !*
Le matin du troisième jour, dimanche, premier jour de la semaine, des femmes vont sur sa tombe et un ange leur dit : *Je sais que vous cherchez Jésus le crucifié. Il n'est pas ici, car Il est ressuscité comme il l'avait dit.* Mt28.5
Pourquoi cherchez-vous le Vivant parmi les morts ? Il n'est pas ici, il est ressuscité. Lc24.6 *Ne crains pas, je suis le Vivant ; je fus mort et me voici vivant pour les siècles des siècles.* Ap1.18
Jusqu'à aujourd'hui résonne l'adresse à Thomas : ***Tu as vu et tu crois. Heureux ce qui n'ont pas vu et qui croient.*** Jn20.24

Nous vous offrons, Seigneur Jésus, cette dizaine, en l'honneur de la Résurrection, et nous vous demandons par l'intercession de votre Très sainte Mère, la grâce d'une foi fervente.

Je vous salue Marie (10)
Jésus, ressuscité.
Gloire au Père

Regina Cœli
Reine du ciel, réjouissez-vous, alléluia ! [...]

Prions pour que la foi et l'espérance nous habitent toujours. Confions à Marie les incrédules.

2- ASCENSION DE JÉSUS

Espérance

Quarante jours après sa résurrection, alors qu'il accompagne ses disciples vers Béthanie Jésus lève les mains les bénit et leur dit : *Allez-donc, dans toutes les nations, faites des disciples ; Je monte vers mon Père et votre Père, vers mon Dieu et votre Dieu.* Jn20.17 ; *Comme Jésus bénissait ses disciples, il fut emporté au ciel.* Lc24.51

Ainsi sommes-nous pas condamnés à la pourriture et la cendre mais destinés au ciel.

Hommes de Galilée, pourquoi restez-vous ainsi à regarder le ciel ? Act.9 *Je suis avec vous tous les jours jusqu'à la fin du monde.* Mt28.20 *Et eux, après l'avoir adoré, retournèrent à Jérusalem avec grande joie. Et ils étaient continuellement dans le temple, louant et bénissant Dieu.* Lc24.51

Nous vous offrons, Seigneur Jésus, cette dizaine, en l'honneur de l'Ascension, et nous vous demandons par l'intercession de votre Très sainte Mère, la grâce de l'espérance du Ciel.

> *Je vous salue Marie (10)*
> *Jésus, monté au Ciel.*
> *Gloire au Père*

Prions pour le respect du corps et l'aspiration aux gloires du ciel. Confions à Marie ceux qui vivent sans espérance.

3- PENTECÔTE

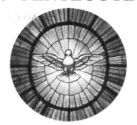

Saint-Esprit

Le Saint-Esprit que le Père enverra en mon nom, c'est lui qui vous enseignera. Jn14.26

Dix jours après l'*Ascension*, le jour de la *Pentecôte*, Marie et les Apôtres sont réunis lorsque des langues de feu se posent sur chacun d'eux : *Alors ils sont tous remplis de l'Esprit-Saint et commencent à parler en d'autres langues.* Ac2.4

Le Christ n'est plus physiquement présent mais au Cénacle la promesse de Jésus se réalise, l'Église du Christ reçoit l'Esprit-Saint. La longue histoire de l'évangélisation commence.

Nous vous offrons, Seigneur Jésus, cette dizaine, en l'honneur de la Pentecôte, et nous vous demandons par l'intercession de votre Très sainte Mère, la grâce du Saint-Esprit et la vocation de l'apostolat.

Je vous salue Marie *(10)*
Jésus, envoyant l'Esprit-Saint.
Gloire au Père

Veni Sancté Spiritus

Viens, Esprit-Saint, en nos cœurs, et envoie du haut du ciel un rayon de ta lumière. [...]

Prions pour développer les dons de l'Esprit et la force de témoigner de l'Évangile.
Confions à Marie ceux qui se détournent de l'Esprit et ceux qui craignent de témoigner.

4- ASSOMPTION DE MARIE

Dévotion

Heureuse, celle qui a cru !
Mon âme exalte de Seigneur, mon esprit exulte en Dieu mon Sauveur. Lc1.46
Jésus crucifié avait confié sa mère à ses disciples, son élection dans les cieux parachève sa gloire :
L'Immaculée Mère de Dieu, la Vierge Marie, après avoir achevé le cours de sa vie terrestre, fut élevée corps et âme à la gloire céleste. Munificentissimus Deus, Pie XII

Nous vous offrons, Seigneur Jésus, cette dizaine, en l'honneur de l'Assomption de Marie, et nous vous demandons par sa même intercession, la grâce de la fidélité et de sa dévotion.

Je vous salue Marie *(10)*
Jésus, qui nous a confié à toi.
Gloire au Père

Soyez Reine
Chez nous, soyez Reine, nous sommes à Vous. [...]

Prions pour accueillir dans la paix l'heure de notre naissance au Ciel.
Confions à Marie les mourants.
Marie guide notre vie !

5- COURONNEMENT DE MARIE

Adoration

La Sainte-Vierge entre dans la gloire des Cieux :
Le Fils lui-même sera soumis à Celui qui lui a tout soumis, pour que Dieu soit tout en tous. 1Co15
Puis il parut dans le ciel un grand signe : une femme revêtue du soleil, la lune sous ses pieds, et une couronne de douze étoiles sur sa tête. Ap12.1

Nous vous offrons, Seigneur Jésus, cette dizaine, en l'honneur du Couronnement de gloire de Marie, et nous vous demandons par l'intercession de votre Très sainte Mère, les grâces de son adoration.

Je vous salue Marie (10)
Jésus, qui t'a couronnée.

Gloire au Père

Salve Regina
Salut, reine, mère de miséricorde, vie, douceur, et notre espérance, salut ! [...]

*Prions pour garder confiance dans la Promesse.
Prions pour que chaque femme soit respectée dans sa dignité et réponde à sa vocation de fille, d'épouse et de mère, qu'elle soit célibataire, mariée ou consacrée.*

SUR UNE PAROLE

Une parole seule peut ouvrir la prière sur chaque mystère. Elle constitue alors un point de départ de la méditation ou le prétexte d'une oraison. La proposition ne vise pas nécessairement la notion la plus essentielle mais celle qui y conduit.

Une œuvre d'art peinte, sculptée ou composée peut aussi puissamment inspirer la spiritualité. Ici, plus sommairement, des images tentent d'en donner l'effet.

En partant de la citation proposée, retrouvez le mystère qu'elle évoque et les grâces associées ou, par l'oraison seule, patiente et attentive, laissez l'Esprit-Saint vous inspirer.

Seigneur, je me tiens devant toi.

...

Parle, Seigneur, ton serviteur écoute. 1S3.10

...

MYSTÈRES JOYEUX

Voici la servante du Seigneur,
Qu'il me soit fait selon votre parole. Lc1.38

Mon âme exalte le Seigneur,
Mon esprit exulte en Dieu mon Sauveur. Lc1.46

Aujourd'hui vous est né un Sauveur. Lc2.11

Ô Maître souverain,
Tu peux laisser ton serviteur s'en aller en paix. Lc2.29

Sa mère gardait dans son cœur tous ces événements. Lc2.49

MYSTÈRES LUMINEUX

Voici l'Agneau de Dieu, celui qui enlève le péché du monde. Jn1.29

Faites tout ce qu'il vous dira. Jn2.5

Heureux les pauvres de cœur, le Royaume des cieux est à eux ! Mt5.3

Relevez-vous et n'ayez pas peur. Mt17.7

Faites ceci en mémoire de moi. 1Co11.24

MYSTÈRES DOULOUREUX

Père, si tu veux, éloigne de moi cette coupe ! Mt26.39

À mort ! Crucifie-le ! Lc23.21

Voici l'homme ! Jn19.5

Pleurez plutôt sur vous-mêmes et sur vos enfants ! Lc23.27

Père, pardonne-leur car ils ne savent pas ce qu'ils font. Lc23.34

MYSTÈRES GLORIEUX

Heureux ceux qui n'ont pas vu et qui croient. Jn20.24

Allez-donc, dans toutes les nations, faites des disciples. Jn20.17

Je vous laisse la paix, je vous donne ma paix. Jn14.27

Femme, voici ton fils... Voici ta mère. Jn19.25

Une femme revêtue du soleil, la lune sous ses pieds, et une couronne de douze étoiles sur sa tête. Ap12.1

ROSARIUM VIRGINIS MARIAE

Jean-Paul II a promulgué en 2002 la lettre apostolique *Rosarium Virginis Mariae*, décrivant notamment les cinq étapes de la contemplation du Christ avec Marie.

Mgr Amato Angelo, alors secrétaire de la Congrégation pour la Doctrine de la foi, résume la lettre apostolique.

« *Il s'agit d'une véritable et vraie vie spirituelle de développement et de maturation, pratiquée par une multitude de fidèles et de saints.* »

[Extraits]

Se souvenir du Christ avec Marie

Le souvenir n'est pas seulement une représentation du passé, mais une actualisation dans l'aujourd'hui des œuvres accomplies par Dieu dans l'histoire du salut. Cette actualisation se réalise en particulier dans la liturgie. Mais, si la liturgie est une action salvifique par excellence, « le Rosaire en tant que méditation sur le Christ et sur Marie, est une contemplation salutaire. » Rosarium 13

Apprendre le Christ par Marie

Si Jésus est le maître par excellence, le révélateur et la révélation, « il ne s'agit pas seulement d'apprendre ce qu'il nous a enseigné, mais d'apprendre à le connaître lui. »

Dans cet apprentissage, personne n'est plus expert que Marie dès lors que « parmi les êtres humains personnes mieux qu'elle ne connaît le Christ ; nul autre que sa mère ne peut nous faire entrer dans une profonde connaissance de son mystère. »

Méditer les scènes du Rosaire c'est se mettre à l'école de Marie pour lire le Christ, en pénétrer les secrets, en comprendre la leçon de vérité. Rosarium 14

Se conformer au Christ avec Marie

Cet apprentissage implique non seulement une connaissance théorique mais une expérience vitale du mystère de communion avec Jésus. C'est cette spiritualité chrétienne, qui la signifie conformation au Christ, avoir les mêmes sentiments que le Christ Jésus Phil2.5, *se revêtir du Christ* Rm13.14 ; Ga3.27. *Le Rosaire permet à Marie de nous éduquer et de nous former avec sollicitude maternelle jusqu'à ce que le Christ soit pleinement formé en nous* Ga4.19. *C'est l'expérience même du Saint-Père qui précise ainsi : Cette action de Marie, totalement enracinée dans celle du Christ est dans une radicale subordination à elle « n'empêche en aucune manière l'union immédiate des croyants avec le Christ, au contraire, elle la favorise. »* Lumen Gentium *Tel est le lumineux principe dont j'ai si fortement fait l'expérience dans ma vie, au point d'en faire le noyau de ma devise épiscopale Totus Tuus.* Rosarium 15

Il est opportun de rappeler ici la doctrine mariale de Louis-Marie Grignion de Montfort exprimée dans son « Traité de la vraie dévotion », selon lequel, Marie étant la créature la plus conforme à Jésus-Christ, il s'en suit que parmi toutes les dévotions, celle qui consacre le plus une âme à notre Seigneur est la dévotion à Marie, sa sainte Mère. Plus une âme sera consacrée à elle, plus elle sera consacrée à Jésus-Christ.

Supplier le Christ avec Marie

La conformation au Christ implique une incessante vie de prière. Le Rosaire soutien la prière des fidèles et l'insistante imploration de la Mère de Dieu s'appuie sur la confiance que Marie, comme à Cana, peut tout sur le cœur de son Fils. Le pape dit : Elle est « toute puissante par grâce », comme disait dans sa Supplique à la Vierge, le bienheureux Bartolo Longo, avec une audacieuse expression qu'il faut bien comprendre. C'est une certitude qui, partant de l'Évangile, n'a cessé de se renforcer à travers l'expérience du peuple chrétien. Le grand poète Dante s'en fait magnifiquement l'interprète quand il chante, en suivant saint Bernard : « Dame, tu es si grande et de valeur si haute / que celui qui veut une grâce et à toi ne vient pas / il veut que son désir vole sans ailes. » Dans le Rosaire, tandis que nous la supplions, Marie, Sanctuaire de l'Esprit-Saint (Lc1.35), se tient pour nous devant le Père, qui l'a comblée de grâce, et devant le Fils, qu'elle a mis au monde, priant avec nous et pour nous. Rosarium 16

Annoncer le Christ avec Marie.

Le Rosaire, outre une prière contemplative, devient aussi la possibilité d'une « catéchèse significative ». De même que dans les siècles passés, le Rosaire fut utilisé pour défendre la vraie foi contre les hérésies, de même aujourd'hui, devant de nouveaux défis, il « conserve toute sa force et reste un moyen indispensable dans le bagage pastoral de tout bon évangélisateur. » Rosarium 17

PRIÈRES MARIALES

SALVE REGINA

L'antienne est une supplique adressée à la Vierge Marie, elle peut clôturer un chapelet ou un *Rosaire*.

Salut, reine, mère de miséricorde, vie, douceur, et notre espérance, salut ! Vers toi nous élevons nos cris, pauvres enfants d'Ève exilés. Vers toi nous soupirons, gémissant et pleurant dans cette vallée de larmes.
Tourne donc, ô notre Avocate, tes yeux miséricordieux vers nous. Et, Jésus, le fruit béni de tes entrailles, montre-le-nous après cet exil. Ô clémente, ô pieuse, ô douce Vierge Marie ! Amen.

Salve, Regina, mater misericordiae. Vita, dulcedo et spes nostra, salve. Ad te clamamus, exsules filii Hevae.
Ad te suspiramus, gementes et flentes in hac lacrimarum valle. Eia ergo, Advocata nostra, illos tuos misericordes oculos ad nos converte. Et Jesum, benedictum fructum ventris tui, nobis post hoc exilium ostende.
O clemens, o pia, o dulcis Virgo Maria ! Amen.

MAGNIFICAT

Cantique de la vierge Marie

Cantique de la vierge Marie révélé lors de l'*Annonciation* Lc1.4 et inspiré du cantique d'Anne 1Sam2.1.

Mon âme exalte le Seigneur, exulte mon esprit en Dieu mon Sauveur. Il s'est penché sur son humble servante, désormais tous les âges me diront bienheureuse. Le Puissant fit pour moi des merveilles, saint est son nom. Son amour s'étend d'âge en âge, sur ceux qui le craignent. Déployant la force de son bras, il disperse les superbes. Il renverse les puissants de leur trône, il élève les humbles. Il comble de biens les affamés, renvoie les riches les mains vides. Il relève Israël son serviteur, il se souvient de son amour. De la promesse faite à nos pères, en faveur d'Abraham et de sa race à jamais. Amen.

Magníficat ánima méa Dóminum, Et exultávit spíritus méus in Déo salutári méo. Quia respéxit humilitátem ancíllæ súæ, ecce enim ex hoc beátam me dícent ómnes generatiónes. Quia fécit míhi mágna qui pótens est : et sánctum nómen éjus. Et misericórdia éjus a progénie in progénies timéntibus éum. Fécit poténtiam in bráchio súo : dispérsit supérbos ménte córdis súi. Depósuit poténtes de séde, et exaltávit húmiles. Esuriéntes implévit bónis : et dívites dimísit inánes. Suscépit Israël púerum súum, recordátus misericórdiæ súæ. Sicut locútus est ad pátres nóstros, Abraham et sémini éjus in saécula. Glória Pátri et Fílio et Spirítui Sáncto, Sicut érat in princípio, et nunc, et sémper, et in saécula sæculórum. Amen.

ANGELUS

L'angélus est une prière de tradition populaire de l'Église latine en l'honneur de l'Incarnation du Christ et de la participation de la Vierge Marie à son œuvre de salut. Elle se récite matin, midi et soir.

« Avec cette prière de l'Angelus, nous nous remémorons le oui sans condition de Marie à la volonté de Dieu. Par l'obéissance dans la foi de la Vierge, le Fils est venu dans le monde pour nous apporter le pardon, le salut et la vie en abondance. En se faisant homme comme nous en tout excepté le péché, le Christ nous a révélé la dignité et la valeur de chacun des membres de la famille humaine. Il est mort pour nos péchés, pour nous rassembler tous dans la famille de Dieu. » Benoît XVI

La prière de l'Ange peut être dite en répons.

L'Ange du Seigneur apporta l'annonce à Marie.
R/ Et elle conçut du Saint-Esprit.
Je vous salue Marie... / Sainte Marie, mère de Dieu...
Voici la servante du Seigneur.
R/ Qu'il me soit fait selon votre Parole.
Je vous salue Marie... / Sainte Marie, mère de Dieu...
Et le Verbe s'est fait chair.
R/ Et il a habité parmi nous.
Je vous salue Marie... / Sainte Marie, mère de Dieu...
Priez pour nous sainte Mère de Dieu.
R/ Afin que nous soyons rendus dignes des promesses du Christ.

Prions :

R/ *Répands, Seigneur, ta grâce dans nos âmes, afin qu'après avoir connu, par le message de l'Ange, l'Incarnation du Christ ton Fils, nous soyons conduits par sa Passion et par sa Croix, à la gloire de sa Résurrection, par Jésus-Christ, notre Seigneur.* *Amen !*

STABAT MATER DOLOROSA

Souffrance de Marie lors de la crucifixion de son fils.

Debout, la Mère, pleine de douleur, se tenait en larmes, près de la croix, tandis que son Fils subissait son calvaire.

Alors, son âme gémissante, toute triste et toute dolente, un glaive transperça.

Qu'elle était triste, anéantie, la femme entre toutes bénie, la Mère du Fils de Dieu !

Dans le chagrin qui la poignait, cette tendre Mère pleurait son Fils mourant sous ses yeux.

Quel homme sans verser de pleurs verrait la Mère du Seigneur endurer si grand supplice ?

Qui pourrait dans l'indifférence contempler en cette souffrance la Mère auprès de son Fils ?

Pour toutes les fautes humaines, elle vit Jésus dans la peine et, sous les fouets, meurtri.

Elle vit l'Enfant bien-aimé mourir tout seul, abandonné, et soudain rendre l'esprit.

Ô Mère, source de tendresse, fais-moi sentir grande tristesse pour que je pleure avec toi.

Je désire auprès de la croix me tenir, debout avec toi, dans ta plainte et ta souffrance.

Vierge des vierges, toute pure, ne sois pas envers moi trop dure, fais que je pleure avec toi.

Du Christ fais-moi porter la mort, revivre le douloureux sort et les plaies, au fond de moi.

Fais que Ses propres plaies me blessent, que la croix me donne l'ivresse du Sang versé par ton Fils.

Je crains les flammes éternelles ; Ô Vierge, assure ma tutelle à l'heure de la justice.

Ô Christ, à l'heure de partir, puisse ta Mère me conduire à la palme des vainqueurs.

À l'heure où mon corps va mourir, à mon âme, fais obtenir la gloire du paradis.

STABAT MATER SPECIOSA
Joie de Marie lors de la naissance de son fils.

La Mère merveilleuse se tenait, joyeuse, dans la crèche où dormait son enfant.

De son âme festive dansante et joyeuse vint un chant de réjouissance

Ô combien radieuse et bénie était l'immaculée, Mère du Fils Unique !

Ô combien heureuse, réjouie et exultante était-elle observant la naissance de son divin fils.

Qui ne se pavoiserait s'il voyait la Mère du Christ dans un tel confort ?

Qui ne se réjouirait aussi à voir la Mère du Christ ainsi jouer avec son Fils ?

Pour les péchés de Son peuple parmi les bêtes du fardeau elle a vu Jésus, soumis à l'austérité.

Elle a vu sa douce progéniture adorée, pleurant, langée dans de vils bandages.

Pour le Christ nouveau-né dans sa crèche les anges chantent gaiement dans une grande réjouissance.

Le vieil homme se tenait avec sa jeune épouse sans mot dire, son cœur empli de merveilles indicibles.

Ô Mère, fontaine d'amour, faites-moi ressentir votre ardeur laissez-moi la partager avec vous.

Embrasez mon cœur de l'amour du Seigneur Dieu puis-je trouver la grâce à ses yeux.

Sainte Mère, ne soyez pas sévère car vos souffrances sont fixées aux tréfonds de mon cœur.

En compagnie de votre divin enfant laissez-moi prendre part à la pénitence qu'il daigne supporter.

Laissez-moi me réjouir avec vous, partager l'adoration de Jésus aussi longtemps que je vivrai.

Puisse votre ardeur m'emplir puisse l'enfant être refuge dans mon exil.

Entraînez-moi dans cette ardeur faites que je ne tourne pas le dos à son désir.

Vierge des vierges, la plus élevée d'entre toutes, ne soyez pas amère envers moi, laissez-moi prendre l'enfant dans mes bras.

Puis-je en lui puiser la force, lui qui par sa naissance conquiert la mort et donne la vie.

Puis-je avec vous être comblé, enivré de votre Nouveau-Né sous de bons auspices.

Ainsi enflammé du feu de l'amour les sentiments sont tus par le souffle de l'altruisme.

Puisse le Premier-Né me protéger, et les mots du Christ me soutenir puisse sa bénédiction me sauver.

Lorsque mon corps s'éteindra laissez mon esprit accéder à la vision de votre Premier-Né.

REGINA CŒLI

Antienne mariale dédiée à la résurrection du Christ, remplace l'Angelus pendant le temps Pascal.

Reine du ciel, *réjouissez-vous, alléluia !*

Car Celui que vous avez mérité de porter dans votre sein, alléluia !

Est ressuscité comme Il l'a dit, alléluia !

Priez Dieu pour nous, alléluia !

V/ Soyez dans la joie et l'allégresse, Vierge Marie, alléluia !

R/ Parce que le Seigneur est vraiment ressuscité, alléluia !

Prions :

/ Dieu, qui, par la Résurrection de Votre Fils, notre Seigneur Jésus-Christ, avez bien voulu réjouir le monde. Faite-nous parvenir, par la prière de la Vierge Marie, sa mère, aux joies de la vie éternelle. Par le Christ notre Seigneur.

Amen !

ALMA REDEMPTORIS MATER

Antienne mariale, composée par les Bénédictins, chantée surtout pendant l'Avent et le temps de Noël.

Sainte Mère du Rédempteur, *Porte du ciel, toujours ouverte, Étoile de la mer,*

Viens au secours du peuple qui tombe et qui cherche à se relever.

Tu as enfanté, ô merveille ! Celui qui t'a créée, et tu demeures toujours vierge.

Accueille le salut de l'ange Gabriel et prends pitié de nous, pécheurs !

AVE, MARIS STELLA

L'Église salue Marie, Mère de Dieu, comme étoile de la mer… *La vie est comme un voyage sur la mer.* Benoît XVI
L'hymne joue sur le renversement des lettres Eva /Ave. Marie est la Nouvelle Ève.

Salut, étoile de la mer,
Sainte Mère de Dieu Et
vierge à jamais consacrée,
Bienheureuse porte du ciel.

Recevant cet Ave De la
bouche de Gabriel, Affermis-
nous dans la paix, Toi la
nouvelle Ève.

Des pécheurs, brise les liens,
Aux aveugles, accorde la
lumière, Délivre-nous de nos
misères, Obtiens pour nous
les vrais biens !

Montre toujours que tu es
Mère, Qu'il reçoive de toi
nos prières Celui qui est né

pour nous, En acceptant
d'être ton fils.

O Vierge sans pareille,
Vierge douce entre toutes,
Obtiens le pardon de nos
fautes Rends nos cœurs
humbles et purs.

Rends sainte notre vie Rends
sûre notre route, Afin que,
contemplant Jésus, Nous
partagions sans fin ta joie.

Louange à Dieu le Père,
Gloire au Christ souverain
Ainsi qu'au Saint-Esprit ;
Aux Trois un seul honneur
sans fin.

SUB TUUM PRAESIDIUM

D'après un papyrus d'Alexandrie daté du IIIe siècle

Sub tuum praesidium, confugimus, sancta Dei genitrix.

Sous ta protection, nous nous réfugions sainte Mère de Dieu.
Ne rejette pas les supplications que nous t'adressons dans
tous nos besoins, mais des périls libère-nous toujours Vierge
glorieuse et bénie.

LITANIE DE LA VIERGE MARIE

Litanie de Lorette

La litanie de la Vierge Marie est préférentiellement récitée à l'occasion d'un *Rosaire*.

Seigneur, ayez pitié de nous.

Jésus-Christ, écoutez-nous.

Jésus-Christ, exaucez-nous.

Père céleste, qui êtes Dieu, ayez pitié de nous,
Fils, rédempteur du monde, ayez pitié de nous,
Esprit-Saint, qui êtes Dieu, ayez pitié de nous,
Trinité sainte, qui êtes un seul Dieu, ayez pitié de nous,

*R/ **Priez pour nous !***

Sainte Marie, R/	*Vierge fidèle, R/*
Sainte Mère de Dieu, R/	*Miroir de justice, R/*
Sainte Vierge des vierges, R/	*Trône de la sagesse, R/*
Mère du Christ, R/	*Cause de notre joie, R/*
Mère de la divine grâce, R/	*Vase spirituel, R/*
Mère de l'Église, R/	*Vase d'honneur, R/*
Mère très pure, R/	*Vase insigne de la dévotion, R/*
Mère très chaste, R/	*Rose mystique, R/*
Mère toujours Vierge, R/	*Tour de David, R/*
Mère sans tache, R/	*Tour d'ivoire, R/*
Mère aimable, R/	*Maison d'or, R/*
Mère admirable, R/	*Arche d'alliance, R/*
Mère du bon conseil, R/	*Porte du ciel, R/*
Mère du Créateur, R/	*Étoile du matin, R/*
Mère du Sauveur, R/	*Salut des infirmes, R/*
Vierge très prudente, R/	*Refuge des pécheurs, R/*
Vierge vénérable, R/	*Consolatrice des affligés, R/*
Vierge digne de louange, R/	*Secours des chrétiens, R/*
Vierge puissante, R/	*Reine des anges, R/*
Vierge clémente, R/	*Reine des patriarches, R/*

Reine des prophètes, R/
Reine des apôtres, R/
Reine des martyrs, R/
Reine des confesseurs, R/
Reine des vierges, R/
Reine de tous les saints, R/

Reine conçue sans le péché
originel, R/
Reine élevée aux Cieux, R/
Reine du très saint Rosaire, R/
Reine de la paix, R/

Agneau de Dieu, qui effacez les péchés du monde,
pardonnez-nous, Seigneur.

Agneau de Dieu, qui effacez les péchés du monde, exaucez-
nous Seigneur.

Agneau de Dieu, qui effacez les péchés du monde, ayez pitié
de nous.

Priez pour nous sainte Mère de Dieu, afin que nous
devenions dignes des promesses de Jésus-Christ.

Accordez-nous, nous vous en prions, Seigneur notre Dieu, à
nous vos serviteurs, la grâce de jouir constamment de la
santé de l'âme et du corps, et, par la glorieuse intercession
de la bienheureuse Marie, toujours vierge, d'être délivrés de
la tristesse de la vie présente et de goûter l'éternelle félicité.
Par Jésus-Christ, Notre-Seigneur. Amen.

HYMNE ACATHISTE

Hymne acathiste à la Mère de Dieu (Théotokos), hymne
'que l'on écoute debout', supplication et prière
d'intercession de la tradition orthodoxe byzantine. Version
du monastère de Solan : *[Extrait]*

Accourons en hâte vers la Mère de Dieu, pécheurs et
humiliés que nous sommes ; avec repentir, prosternons-nous
devant elle et crions du fond de l'âme : ô Souveraine, viens à
notre secours, dans ta compassion ; hâte-toi, car nous
périssons à cause de la multitude de nos fautes. Ne rejette
pas tes serviteurs sans les exaucer, car nous n'avons pas
d'autre espérance que toi !

Gloire au Père et au Fils et au saint Esprit et maintenant et
toujours et dans les siècles des siècles : Amen !

Nous ne cesserons jamais de proclamer tes grandes œuvres,
malgré notre indignité, ô Mère de Dieu. Car si tu n'étais pas
là pour intercéder, qui nous délivrerait de tant de périls ?
Qui nous aurait gardés libres jusqu'à présent ? Nous ne

nous éloignerons pas de toi, Souveraine, car tu sauves toujours tes serviteurs de tout danger.

Plusieurs Odes sont ensuite évoquées et conclues par : *Réjouis-toi, Épouse inépousée !*

CHERCHER AVEC TOI

*R/ **Chercher avec toi dans nos vies, les pas de Dieu, Vierge Marie, par toi accueillir aujourd'hui, le don de Dieu, Vierge Marie.***

Puisque tu chantes avec nous : Magnificat, Vierge Marie, permets la Pâque sur nos pas. Nous ferons tout ce qu'il nous dira. R/

Puisque tu souffres avec nous Gethsémani, Vierge Marie, soutiens nos croix de l'aujourd'hui, entre tes mains, voici ma vie. R/

Puisque tu demeures avec nous, pour l'Angélus, Vierge Marie, guide nos pas dans l'inconnu, car tu es celle qui a cru. R/

COURONNÉE D'ÉTOILES

*R/ **Nous te saluons, Ô toi notre Dame, Marie Vierge sainte que drape le soleil, couronnée d'étoiles, la lune est sous tes pas, en toi nous est donnée l'aurore du Salut.***

Marie, Ève nouvelle et joie de ton Seigneur, tu as donné naissance à Jésus le Sauveur. Par toi nous sont ouvertes, les portes du jardin, Guide-nous en chemin, étoile du matin. R/

Tu es restée fidèle, mère au pied de la croix, soutiens notre espérance et garde notre foi. Du côté de ton Fils, tu as puisé pour nous, l'eau et le sang versés qui sauvent du péché. R/

Quelle fut la joie d'Ève lorsque tu es montée, plus haut que tous les anges, plus haut que les nuées, et quelle est notre joie, douce Vierge Marie, de contempler en toi la promesse de vie. R/

Ô Vierge immaculée, préservée du péché, en ton âme en ton corps, tu entres dans les cieux. Emportée dans la gloire, sainte Reine des cieux, tu nous accueilleras, un jour auprès de Dieu. R/

CHEZ NOUS, SOYEZ REINE

R/ *Chez nous, soyez Reine, nous sommes à Vous ; régnez en Souveraine, chez nous, chez nous. Soyez la Madone qu'on prie à genoux, qui sourit et pardonne, chez nous, chez nous.*

L'archange qui s'incline vous loue au nom du ciel, donnez la paix divine, à notre cœur mortel. R/

Vous êtes notre Mère, portez à votre fils, la fervente prière, de vos enfants chéris. R/

Gardez, ô Vierge pure, ô cœur, doux entre tous, nos âmes sans souillure, nos cœurs vaillants et doux. R/

VIENS, ESPRIT-SAINT

Il ne s'agit pas d'une prière mariale mais d'une séquence notamment reprise lors de la messe de Pentecôte.

Veni, Sancté Spiritus et emitte caelitus lucis tuae radium. [...] Da virtutis meritum, da salutis exitum, da perenne gaudium. Amen.

Viens, Esprit-Saint, en nos cœurs, et envoie du haut du ciel un rayon de ta lumière.

Viens en nous, père des pauvres.

Viens, dispensateur des dons.

Viens, lumière en nos cœurs.

Consolateur souverain, hôte très doux de nos âmes, adoucissante fraîcheur.

Dans le labeur, le repos ; dans la fièvre, la fraîcheur ; dans les pleurs, le réconfort.

Ô lumière bienheureuse, viens remplir jusqu'à l'intime le cœur de tous tes fidèles.

Sans ta puissance divine, il n'est rien en aucun homme, rien qui ne soit perverti.

Lave ce qui est souillé, baigne ce qui est aride, guéris ce qui est blessé. Assouplis ce qui est raide, réchauffe ce qui est froid, rends droit ce qui est faussé.

À tous ceux qui ont la foi et qui en toi se confient, donne tes sept dons sacrés. Donne mérite et vertu, donne le salut final, donne la joie éternelle. Amen !

DÉVOTIONS SUR LE CHAPELET

De nombreuses dévotions sont priées sur le chapelet, elles orientent chacune la méditation sur des grâces particulières attachées à des aspects de la foi, des vertus, des saints, des épreuves ou des demandes. Certaines ont donné des chapelets spécifiques adaptant le nombre de grains.

Chapelet de la divine miséricorde
Chapelet des sept joies de Marie
Chapelet aux sept douleurs de Marie
Chapelet des morts
Chapelet des cinq plaies du Christ
Chapelet des saintes plaies du Christ
Chapelet à saint Joseph
Chapelet à saint Michel
Chapelet de la Trinité
Chapelet de la conversion
Chapelet des missions
Chapelet des agonisants
Chapelet des âmes du purgatoire.
…

CHAPELET DE LA DIVINE MISÉRICORDE

La **divine miséricorde** est l'amour de Dieu qui pardonne les fautes et rétablit l'homme repenti dans sa dignité en l'invitant à pratiquer la *miséricorde humaine* pour ses frères et rejoindre ainsi sa vocation. La *divine miséricorde* est un amour compassionnel envers la misère de l'humanité, elle suscite la confiance de l'homme et l'invite à s'accomplir dans le dessein de Dieu :

Soyez miséricordieux comme votre Père est miséricordieux. Mt5.48

Heureux les miséricordieux, car ils obtiendront miséricorde. Mt5.7

Saint Pierre l'assure dans sa première épitre : *Autrefois vous n'étiez pas un peuple, mais maintenant vous êtes le peuple de Dieu ; vous n'aviez pas obtenu miséricorde, mais maintenant vous avez obtenu miséricorde.* 1P2.10

Saint Jean révèle que le sacrifice du Christ s'offre au monde entier : *Mes petits enfants, je vous écris cela pour que vous évitiez le péché. Mais si l'un de nous vient à pécher, nous avons un défenseur devant le Père : Jésus Christ, le Juste. C'est lui qui, par son sacrifice, obtient le pardon de nos péchés, non seulement les nôtres, mais encore ceux du monde entier.* 1Jn2.1

La dévotion à la *divine miséricorde* a été inspirée par une révélation de sœur *Faustine Kowalska*[10].

La dévotion suppose la confiance en la miséricorde divine et notre inclinaison à la miséricorde envers nos frères.

Sur un chapelet, faire le signe de la croix, récitez :
> *Je crois en Dieu...*
> *Notre Père...*
> *Je vous salue Marie...*

Sur chaque dizaine, sur les gros grains, priez en répons ou d'une seule voix :
Père Éternel, je t'offre le Corps et le Sang, l'Âme et la Divinité de fon fils bien-aimé, Notre Seigneur Jésus-Christ ; / En réparation de nos péchés et de ceux du monde entier !

Sur les petits grains :
Par sa douloureuse Passion (et sa Résurrection), / Sois miséricordieux pour nous et pour le monde entier ! (10)

Le chapelet se conclut par :
> *Dieu saint, Dieu fort, Dieu éternel, / Prends pitié de nous et du monde entier ! (3)*

La dévotion à la *divine miséricorde* connait des variantes dans sa forme.

Le chapelet est prié à l'*Heure de la miséricorde*, 15 heures, l'heure de la mort du Christ en croix, lors de la *Neuvaine à la miséricorde divine* priée du *Vendredi saint* au 1ᵉʳ dimanche après Pâques et lors de la *Fête de la divine miséricorde* célébrée le dimanche qui suit Pâques.

La fête a été instituée par Jean-Paul II lors de la canonisation de sœur Faustine.

CHAPELET DES SEPT JOIES DE MARIE

Le *chapelet des sept joies de Marie* est une dévotion franciscaine composée vers 1422. On l'appelle aussi le *Rosaire séraphique* ou *couronne franciscaine*.

Il y a sept septaines ou dizaines de chapelet : l'Annonciation, la Visitation, la Nativité de Jésus, l'adoration des mages, le recouvrement de Jésus au Temple, la Résurrection de Jésus, l'Assomption de Marie et son couronnement au Ciel.

Marie connait la joie de vivre, la joie d'aimer, la joie d'enfanter, la joie d'élever, la joie de partager, la joie d'espérer, la joie en Dieu.

La vie de Marie, infiniment pure et aimante, fait la joie de Dieu :

Comme un jeune homme épouse une vierge, ton bâtisseur t'épousera. Comme la jeune mariée fait la joie de son mari, tu seras la joie de ton Dieu. Isaïe62.5

Sur la croix du chapelet réciter :

Je crois en Dieu...

Notre Père...

Je vous salue Marie... (3)

Sur l'évocation de chaque allégresse, réciter 7 ou 10 Ave Maria puis conclure sur un Gloria Patri

1ère joie : **l'annonciation**

Réjouis-toi, comblée de grâce, le Seigneur est avec toi. Lc1.28

2ème joie : **la visitation**

Mon âme exalte le Seigneur, exulte mon esprit en Dieu mon Sauveur.

3ème joie : **la naissance de Jésus**

Je vous annonce une grande joie...aujourd'hui vous est né un Sauveur Lc2.10

4ème joie : **l'adoration des mages**

Ils entrèrent dans la maison, ils virent l'enfant avec Marie sa mère ; et, tombant à ses pieds, ils se prosternèrent devant lui. Mt2.11

5ème joie : **le recouvrement de Jésus au Temple**

Et tous ceux qui l'entendaient s'extasiaient sur son intelligence et sur ses réponses. Lc2.47

6ème joie : **la résurrection de Jésus**

Amen, amen, je vous le dis : vous allez pleurer et vous lamenter, tandis que le monde se réjouira ; vous serez dans la peine, mais votre peine se changera en joie. Jn16.20

7ème joie : **l'assomption et le couronnement de gloire**

Soyons dans la joie, exultons, et rendons gloire à Dieu ! Car elles sont venues, les Noces de l'Agneau, et pour lui son épouse a revêtu sa parure. Ap19.7

CHAPELET AUX SEPT DOULEURS DE MARIE

La méditation sur les douleurs de Marie a été développée par l'*Ordre des Servites de Marie*[11].

La dévotion peut utiliser le chapelet aux quatre dizainiers ou un chapelet formé de sept séries de sept grains, séparés par une médaille illustrant une douleur de Marie.

Prières introductives sur la croix et les premiers grains :

Je crois en Dieu…
Notre Père…
Je vous salue Marie… (3)

Méditation sur les sept douleurs :

Prophétie de Syméon
Massacre à Bethléem et fuite en Égypte
Disparition de Jésus à 12 ans
Chemin de croix
Souffrance sur la croix
Mort sur la croix
Mise au tombeau

Prière conclusive :

Priez pour nous, Vierge de douleurs !
Que nous soyons dignes des promesses du Christ.

Prophétie de Syméon

Syméon [l'*anawim*, le *pauvre du Seigneur*] les bénit, puis il dit à Marie :  *Voici, cet enfant est destiné à amener la chute et le relèvement de plusieurs en Israël, et à devenir un signe qui provoquera la contradiction, et à toi-même une épée te transpercera l'âme, afin que les pensées de beaucoup de cœurs soient dévoilées.* Lc2.34

Marie reçoit la prophétie de sa souffrance.

Je vous salue Marie... (7)
Gloire au Père...
Priez pour nous, Vierge très affligée !
Afin que nous devenions dignes des promesses du Christ.

Fuite en Égypte

Marie et Joseph connaissent la crainte et l'exil : *Voici, un ange du Seigneur apparut en songe à Joseph, et dit : Lève-toi, prends le petit enfant et sa mère, fuis en Égypte, et restes-y jusqu'à ce que je te parle ; car Hérode cherchera le petit enfant pour le faire périr. Joseph se leva, prit de nuit le petit enfant et sa mère, et se retira en Égypte. Il y resta*  *jusqu'à la mort d'Hérode, afin que s'accomplît ce que le Seigneur avait annoncé par le prophète : J'ai appelé mon fils hors d'Égypte.* Mt2.13

Je vous salue Marie... (7)
Gloire au Père...
Priez pour nous, Vierge de douleurs !
Que nous soyons dignes des promesses du Christ.

Disparition de Jésus

Marie connait l'inquiétude maternelle pour son enfant :

Croyant qu'il était avec leurs compagnons de voyage, ils firent une journée de chemin, et le cherchèrent parmi leurs parents et leurs connaissances. Mais, ne l'ayant pas trouvé, ils retournèrent à Jérusalem pour le chercher. Au bout de trois jours, ils le trouvèrent dans le temple, assis au milieu des docteurs, les écoutant et les interrogeant. Lc2.44

Je vous salue Marie... (7)

Gloire au Père...

Priez pour nous, Vierge de douleurs !

Que nous soyons dignes des promesses du Christ.

Chemin de Croix

Pour toutes les fautes humaines, elle vit Jésus dans la peine et, sous les fouets, meurtri. StabatMaterDolorosa

Il était suivi d'une grande multitude des gens du peuple, et de femmes qui se frappaient la poitrine et se lamentaient sur lui. Jésus se tourna vers elles, et dit : Filles de Jérusalem, ne pleurez pas sur moi mais pleurez sur vous et sur vos enfants. Car voici, des jours viendront où l'on dira : Heureuses les stériles, heureuses les entrailles qui n'ont point enfanté, et les mamelles qui n'ont point allaité. Lc23.27

Marie endure les souffrances infligées à son fils.

Je vous salue Marie... (7)

Gloire au Père...

Priez pour nous, Vierge de douleurs !

Que nous soyons dignes des promesses du Christ.

Souffrance sur la croix

Debout, la Mère, pleine de douleur, se tenait en larmes, près de la croix, tandis que son Fils subissait son calvaire.

StabatMaterDolorosa
Près de la croix de Jésus se tenaient sa mère et la sœur de sa mère, Marie, femme de Clopas, et Marie de Magdala. Jésus, voyant sa mère, et auprès d'elle le disciple qu'il aimait, dit à sa mère :
Femme, voilà ton fils. Puis il dit au disciple : Voilà ta mère.
Jn19.25
Marie assiste impuissante au martyre de son enfant.

Je vous salue Marie... (7)
Gloire au Père...
Priez pour nous, Vierge de douleurs !
Que nous soyons dignes des promesses du Christ.

Mort sur la croix

Elle vit l'Enfant bien-aimé mourir tout seul, abandonné, et soudain rendre l'esprit. StabatMaterDolorosa

Le centenier et ceux qui étaient avec lui pour garder Jésus, ayant vu le tremblement de terre et ce qui venait d'arriver, furent saisis d'une grande frayeur, et dirent : Assurément, cet
homme était Fils de Dieu ! Il y avait là plusieurs femmes qui regardaient de loin ; qui avaient accompagné Jésus depuis la Galilée, pour le servir. Parmi elles étaient Marie de Magdala, Marie, mère de Jacques et de Joseph, et la mère des fils de Zébédée. Mt27.54
Marie est confrontée à la mort de son enfant.

Je vous salue Marie... (7)
Gloire au Père...
Priez pour nous, Vierge de douleurs !
Que nous soyons dignes des promesses du Christ.

Mise au tombeau

Marie accompagne son fils jusqu'au tombeau.

Après cela, Joseph d'Arimathie, qui était disciple de Jésus, mais en secret par crainte des Juifs, demanda à Pilate la permission de prendre le corps de Jésus. Et Pilate le permit. [...] Or, il y avait un jardin dans le lieu où Jésus avait été crucifié, et dans le jardin un sépulcre neuf, où personne encore n'avait été mis. Ce fut là qu'ils déposèrent Jésus, à cause de la préparation des Juifs, parce que le sépulcre était proche. Jn 19.38-42

Je vous salue Marie... (7)
Gloire au Père...

Stabat Mater Dolorosa

Debout, la Mère, pleine de douleur, se tenait en larmes, près de la croix, tandis que son Fils subissait son calvaire. [...]
Je désire auprès de la croix me tenir, debout avec toi, dans ta plainte et ta souffrance. [...]

Priez pour nous, Vierge de douleurs !
Que nous soyons dignes des promesses du Christ.

CHAPELET DES MORTS

Le chapelet des morts conduit des méditations s'inspirant des épisodes de la mort du Christ. Il a été approuvé par le Pape Pie IX en 1873. Quatre méditations accompagnent des prières pour les agonisants, les morts et les âmes du purgatoire :

Jésus mort
Jésus aux Enfers
Marie dans l'espérance
Christ ressuscité

Un chapelet à quarante-quatre grains peut être utilisé afin de s'ajuster aux méditations mais, à défaut, le chapelet du *Rosaire* peut convenir :

Je crois en Dieu...
Notre Père...
Je vous salue Marie... (3)

Sur la médaille ou le gros grain :

De profondis

Des profondeurs je crie vers toi, Seigneur, Seigneur, écoute mon appel ! Que ton oreille se fasse attentive au cri de ma prière ! Si tu retiens mes fautes, Seigneur, Seigneur, qui subsistera ? Mais près de toi se trouve le pardon pour que l'homme te craigne.

J'espère le Seigneur de toute mon âme ; je l'espère, et j'attends sa parole. Mon âme attend le Seigneur plus qu'un veilleur ne guette l'aurore. Plus qu'un veilleur ne guette l'aurore, attends le Seigneur, Israël. Oui, près du Seigneur, est l'amour ; près de lui, abonde le rachat. C'est lui qui rachètera Israël de toutes ses fautes. Ps 129/130

Accorde-leur, Seigneur, le repos éternel, et que brille à leurs yeux la lumière sans déclin.
ou
Donne-leur le repos éternel, Seigneur, et que la lumière éternelle les illumine ! Introït de la messe de Requiem

Sur chaque grain des dizaines :
Doux cœur de Marie, consolation de ceux qui souffrent, Priez pour nous et pour les âmes abandonnées du Purgatoire.

Entre chaque dizaine :
Donne-leur le repos éternel, Seigneur, et que la lumière éternelle les illumine !

De profondis

Des profondeurs je crie vers toi, Seigneur, Seigneur, écoute mon appel ! [...]

Donne-leur le repos éternel, Seigneur, et que la lumière éternelle les illumine !

Jésus mort

*Je crois en Dieu, le Père tout-puissant, créateur du ciel et de la terre ; et en **Jésus-Christ**, son Fils unique, Notre Seigneur, qui a été conçu du Saint-Esprit, est né de la Vierge Marie, **a souffert sous Ponce Pilate, a été crucifié, est mort, a été enseveli**, est descendu aux enfers, est ressuscité des morts le troisième jour ; est monté aux cieux, est assis à la droite de Dieu le Père tout-puissant ; d'où il viendra juger les vivants et les morts.*

Dans le Nouveau Testament :
Jésus poussa de nouveau un grand cri, et rendit l'esprit. Mt27.50

Père, entre tes mains, je remets mon esprit. Lc23.46

Tout est accompli ! Et, inclinant la tête, il remit l'esprit. Lc23.30

Et j'entendis du ciel une voix qui disait : Écris : Heureux dès à présent les morts qui meurent dans le Seigneur ! Oui, dit l'Esprit, afin qu'ils se reposent de leurs fatigues, car leurs œuvres les accompagnent. Ap14.13

Méditons sur notre mort et celle de nos proches…
Nous aurons laissé nos vanités…

Doux cœur de Marie, consolation de ceux qui souffrent, Priez pour nous et pour les âmes abandonnées du Purgatoire. (10)

Donne-leur le repos éternel, Seigneur, et que la lumière éternelle les illumine !

Jésus aux enfers

Dans le Credo :

*Je crois en Dieu, le Père tout-puissant, créateur du ciel et de la terre ; et en **Jésus-Christ**, son Fils unique, Notre Seigneur, qui a été conçu du Saint-Esprit, est né de la Vierge Marie, a souffert sous Ponce Pilate, a été crucifié, est mort, a été enseveli, **est descendu aux enfers**, est ressuscité des morts le troisième jour ; est monté aux cieux, est assis à la droite de Dieu le Père tout-puissant ; d'où **il viendra juger les vivants et les morts**.*

Dans le Nouveau Testament :

Ô mort, où est ta victoire ? Ô mort, où est ton aiguillon ? 1C15.55

Que le Dieu de paix, qui a ramené d'entre les morts le grand pasteur des brebis, par le sang d'une alliance éternelle, notre Seigneur Jésus, vous rende capables de toute bonne œuvre pour l'accomplissement de sa volonté. He13.20

Car il nous faut tous comparaître devant le tribunal de Christ, afin que chacun reçoive selon le bien ou le mal qu'il aura fait, étant dans son corps. 2Co5.10

Méditons sur le jugement qui nous attend...
Nous serons jugés sur l'amour…

Doux cœur de Marie, consolation de ceux qui souffrent, Priez pour nous et pour les âmes abandonnées du Purgatoire. (10)

Donne-leur le repos éternel, Seigneur, et que la lumière éternelle les illumine !

Marie dans l'espérance

Dans le Credo :

*Je crois en Dieu, le Père tout-puissant, créateur du ciel et de la terre ; et en **Jésus-Christ**, son Fils unique, Notre Seigneur, qui a été conçu du Saint-Esprit, est **né de la Vierge Marie,** a souffert sous Ponce Pilate, a été crucifié, est mort, a été enseveli, est descendu aux enfers.*

Dans le Nouveau Testament :

Et voici, tu deviendras enceinte, et tu enfanteras un fils, et tu lui donneras le nom de Jésus. Il sera grand et sera appelé Fils du Très-Haut, et le Seigneur Dieu lui donnera le trône de David, son père. Il règnera sur la maison de Jacob éternellement, et son règne n'aura point de fin. Lc1.31

Rien de souillé n'y pourra pénétrer, ni personne qui se livre à l'abomination et au mensonge ; il n'entrera que ceux qui sont écrits dans le livre de vie de l'Agneau. Ap21.27

Méditons sur notre purification…
Aurons-nous les prières de ceux que nous avons laissés ?

Doux cœur de Marie, consolation de ceux qui souffrent, Priez pour nous et pour les âmes abandonnées du Purgatoire. (10)

Donne-leur le repos éternel, Seigneur, et que la lumière éternelle les illumine !

Christ ressuscité

Dans le Credo :

*Je crois en Dieu, le Père tout-puissant, créateur du ciel et de la terre ; et en **Jésus-Christ**, son Fils unique, Notre Seigneur, qui a été conçu du Saint-Esprit, est né de la Vierge Marie, a souffert sous Ponce Pilate, a été crucifié, est mort, a été enseveli, est descendu aux enfers, **est ressuscité des morts le troisième jour ; est monté aux cieux, est assis à la droite de Dieu le Père tout-puissant ; d'où il viendra juger les vivants et les morts.***

Dans le Nouveau Testament :

Vous cherchez Jésus de Nazareth, qui a été crucifié, il est ressuscité. Mc16.6

Le soir du premier jour de la semaine Jésus vint. Il se tint au milieu de ses disciples, il leur dit : la Paix soit avec vous. Il leur montra ses mains et son côté. En voyant le Seigneur, les disciples furent remplis de joie. Jn20.19

S'il n'y a point de résurrection des morts, Christ non plus n'est pas ressuscité. 1Co15.13

Et, lorsque je m'en serai allé, et que je vous aurai préparé une place, je reviendrai, et je vous prendrai avec moi, afin que là où je suis vous y soyez aussi. Jn14.3

Et si l'Esprit de Celui qui a ressuscité Jésus d'entre les morts habite en vous, Celui qui a ressuscité le Christ Jésus d'entre les morts donnera aussi la vie à vos corps mortels par son Esprit qui habite en vous. Rm8.11

Méditons sur la promesse des cieux... et sur notre résurrection...

Doux cœur de Marie, consolation de ceux qui souffrent, Priez pour nous et pour les âmes abandonnées du Purgatoire. (10)

De profondis

Des profondeurs je crie vers toi, Seigneur, Seigneur, écoute mon appel !
Que ton oreille se fasse attentive au cri de ma prière !
Si tu retiens les fautes, Seigneur, Seigneur, qui subsistera ?
Mais près de toi se trouve le pardon pour que l'homme te craigne.
J'espère le Seigneur de toute mon âme ; je l'espère, et j'attends sa parole.
Mon âme attend le Seigneur plus qu'un veilleur ne guette l'aurore.
Plus qu'un veilleur ne guette l'aurore, attends le Seigneur, Israël.
Oui, près du Seigneur, est l'amour ; près de lui, abonde le rachat.
C'est lui qui rachètera Israël de toutes ses fautes.
Ps 129/130

Donne-leur le repos éternel, Seigneur, et que la lumière éternelle les illumine !

Notre-Dame de Montligeon

PRIÈRE POUR LES DÉFUNTS

Référence : *Prières aux défunts – Funérailles catholiques* de Pierre d'Alger

Donne-leur, Seigneur, le repos éternel, et que brille sur eux la lumière de ta face. Qu'ils reposent en paix. Amen.
Requiem ætérnam dona eis Dómine, et lux perpétua lúceat eis. Requiéscant in pace. Amen.

Prière de chapelet pour les âmes du purgatoire :
Sur la dizaine :
Ô Saintes Âmes portez le feu de l'amour de Dieu en mon âme, pour révéler en moi Jésus Crucifié ici sur la terre, plutôt qu'après au purgatoire.
Sur chaque grain :
Seigneur Jésus Crucifié, prends pitié des âmes du purgatoire.

Prière de Notre-Dame de Montligeon, Sanctuaire mondial de la Prière pour les Défunts :
Notre-Dame Libératrice, prends en pitié tous nos frères défunts, spécialement ceux qui ont le plus besoin de la miséricorde du Seigneur. Intercède pour tous ceux qui nous

ont quittés afin que s'achève en eux l'œuvre de l'amour qui purifie. Que notre prière, unie à celle de toute l'Église, leur obtienne la joie qui surpasse tout désir et apporte ici-bas consolation et réconfort à nos frères éprouvés ou désemparés.

Mère de l'Église, aide-nous, pèlerins de la terre, à mieux vivre chaque jour notre passage vers la résurrection. Guéris-nous de toute blessure du cœur et de l'âme. Fais de nous des témoins de l'Invisible, déjà tendus vers les biens que l'œil ne peut voir, des apôtres de l'espérance semblables aux veilleurs de l'aube. Refuge des pécheurs et Reine de tous les saints, rassemble-nous tous un jour, pour la Pâque éternelle, dans la communion du Père avec Jésus, le Fils, dans l'Esprit Saint, pour les siècles des siècles. Amen.

Prière du service mémoriel pour les défunts de l'Église d'Orient, dite Panachida :

Dieu des esprits et de toute chair, qui a foulé au pied la mort, qui a réduit le diable à néant et qui a donné ta vie au monde. Donne toi-même, Seigneur, à l'âme de ton serviteur défunt ---- le repos dans un lieu lumineux, verdoyant et frais, loin de la souffrance, de la douleur et des gémissements. Que le Dieu bon et miséricordieux lui pardonne tous ses péchés commis en parole, en action et en pensée. Parce qu'il n'existe pas d'homme qui vive et qui ne pèche pas ; toi seul es sans péché, ta justice est justice pour les siècles et ta parole est vérité. Ô Christ notre Dieu, puisque tu es la Résurrection, la vie et le repos de ton serviteur défunt ----, nous te rendons grâce avec ton Père incréé et avec ton Esprit très saint, bon et vivifiant, aujourd'hui et pour les siècles des siècles. Amen.

Qu'ils reposent en paix. Amen.

ÉVOCATIONS DE MARIE

Marie prend une place discrète mais décisive dans les Écritures et dans la foi de l'Église. Sept paroles sont explicitement rapportées dans les Évangiles mais sa présence accompagne Jésus depuis son enfantement jusqu'à sa croix ; de sa *Résurrection* aux premiers pas de l'Église naissante. La *prière du Rosaire* et le *chapelet des sept douleurs* l'évoquent tout particulièrement. De très nombreux chants, cantiques et prières célèbrent Marie, mère de Dieu *(Théotokos)*, mère des vivants et première croyante. Marie est la mère heureuse du *Stabat Mater speciosa* lors de la Nativité et la mère malheureuse du *Stabat Mater dolorosa* au pied de la croix. Nous nous tournons vers elle dans la joie avec le *Regina Cœli*, nous implorons son secours dans l'*Angelus*, le *Salve Regina*, l'*Alma Redemptoris Mater*, l'*Ave maris stella,* le *Sub Tuum Praesidium*, l'*Ave Regína cœlórum*, l'*hymne acathiste* et tout au long de la *prière du Rosaire* avec les *Ave Maria*. Le culte de Marie s'est développé en lien avec l'évolution de la christologie, de ses controverses et de ses révélations. Sa virginité a été affirmée à la fin du IIIᵉ siècle puis sa royauté au Vᵉ siècle, son rôle de médiatrice s'est affirmé notamment au IXᵉ siècle. L'Église reconnait Jésus comme *nouvel Adam* et Marie comme *nouvelle Ève*. Si Ève avait contribué, par sa désobéissance, à l'œuvre de mort, Marie a contribué à l'œuvre de vie, par son obéissance. Marie a été prédestinée de toute éternité mais son acceptation fut libre. Marie a été préservée du péché originel, restant indemne de tout péché. Elle a donné naissance à Jésus par une *conception virginale*, une *immaculée conception*. *Sa virginité est le signe de sa foi.* CEC506 Marie nous conduit au Christ mais le Christ est au cœur de la foi : « *En effet, si Jésus, l'unique Médiateur, est la Voie de notre prière, Marie, qui est pure transparence du Christ, nous montre la voie.* » Rosarium Virginis Mariae.

Une ancienne prière célèbre la beauté de Marie :

Vous êtes toute belle, Marie
Tota pulchra es, Maria.

Vous êtes toute belle, Marie, et la faute originelle n'est point en vous. Votre vêtement est blanc comme neige, et votre visage pareil au soleil. Vous êtes toute belle, Marie, et la faute originelle n'est point en vous. Vous, la gloire de Jérusalem, Vous la joie d'Israël, Vous qui êtes l'honneur de notre peuple. Vous êtes toute belle, Marie.

Quand vient pour nous
La prière du père Jean-Paul Hoch[12] offre une évocation de Marie à l'inspiration de son parcours :

*Quand vient pour nous l'heure de la décision, **Marie de l'Annonciation**, aide-nous à dire oui. Quand vient pour nous l'heure du départ, **Marie d'Égypte**, épouse de Joseph, allume en nous l'Espérance. Quand vient pour nous l'heure de l'incompréhension, **Marie de Jérusalem**, creuse en nous la patience. Quand vient pour nous l'heure de l'intervention, **Marie de Cana**, donne-nous le courage de l'humble parole.*

*Quand vient pour nous l'heure de la souffrance, **Marie du Golgotha**, fais-nous rester aux pieds de ceux en qui souffre ton Fils. Quand vient pour nous l'heure de l'attente, **Marie du Cénacle**, inspire-nous une commune prière.*

*Et chaque jour, quand sonne pour nous l'heure joyeuse du service, **Marie de Nazareth**, Marie des Monts de Juda, mets en nous Ton cœur de servante.*

*Jusqu'au jour où, prenant Ta main, **Marie de l'Assomption**, nous nous endormirons, dans l'attente du jour de notre résurrection. Amen.*

MARIE DANS LES ÉCRITURES

Dans les Écritures, Marie est souvent évoquée, présente et silencieuse. Elle écoute, observe et médite le parcours de son fils. Les Écritures nous donnent l'occasion de faire oraison ou de méditer sur le Christ, à son exemple.
Rejoignons Marie où elle se tient.

Sans la nommer, Paul mentionne implicitement Marie dans la filiation de Jésus : *né d'une femme.* Gal4.4
Si l'information est ténue, elle dit clairement l'humanité de Jésus et la maternité de Marie.
Rejoignons Marie dans son humanité.

Dans son Évangile, Luc évoque Marie alors que les bergers lui rendent visite après avoir reçu le message céleste : *Aujourd'hui vous est né un Sauveur [...] Gloire à Dieu au plus haut des cieux, et paix sur la terre aux hommes qu'il aime.* Lc2.11
Rejoignons Marie dans le mystère de la Nativité.

L'évangéliste rapporte : *Marie cependant retenait tous ces événements et les méditait dans son cœur.* Lc2.19 ou encore *Marie gardait avec soin toutes les choses dites.*
Marie cherche le sens de ce qu'elle vit avec Jésus. Elle en fait mémoire et on peut imaginer qu'elle le transmet autour d'elle. Sa méditation du cœur nous montre la voie pour entrer dans le mystère du Christ.
Rejoignons Marie dans sa méditation.

Matthieu évoque la fuite en Égypte de la sainte Famille et le massacre des Innocents : *Joseph se leva ; dans la nuit, il prit l'enfant et sa mère, et se retira en Égypte, où il resta jusqu'à la mort d'Hérode.* Mt2.14
Rejoignons Marie dans l'exode qui affermit son cœur.

Selon Luc, Marie et Joseph emmenèrent Jésus au Temple de Jérusalem et présentèrent une offrande pour sa purification. *Syméon les bénit, puis il dit à Marie sa mère : Vois ton fils qui est là provoquera la chute et le relèvement de beaucoup en Israël. Il sera un signe de division. Et toi même ton cœur sera transpercé par une épée. Ainsi seront dévoilées les pensées secrètes d'un grand nombre.* Lc2.34

La prophétie de Syméon a dû faire forte impression sur Marie, nourrissant ses méditations sur la mission de Jésus.

Rejoignons Marie dans la consécration de son fils.

Après la bénédiction, Joseph et Marie retournèrent à Nazareth en Galilée où Jésus grandit : *L'enfant grandissait et se fortifiait, tout remplit de sagesse, et la grâce de Dieu était sur lui.* Lc2.40

Rejoignons Marie dans sa vie d'épouse et de mère.

Lors du retour d'un pèlerinage à Jérusalem pour Pâques, alors que Jésus avait révélé sa consécration aux affaires de Dieu, Luc précise à nouveau : *Il descendit avec eux pour rentrer à Nazareth, et il leur était soumis. Quant à Jésus, il grandissait en sagesse, en taille et en grâce, sous le regard de Dieu et des hommes.* Lc2.51

Marie et Joseph éduquèrent leur fils dans la droiture et l'amour et plus tard il apprendrait le métier paternel.

Rejoignons Marie et Joseph dans l'éducation de leur fils.

Marc la nomme en décrivant l'étonnement des Nazaréens devant la prédication de Jésus : *n'est-ce pas le charpentier, le fils de Marie et le frère de Jacques, de José, de Jude et de Simon ?* Mc6.3

Rejoignons Marie dans sa présence discrète.

Alors que la foule se presse dans une maison où se tient Jésus, Marie est témoin de la volonté de sa famille de se saisir de lui parce qu'ils affirmaient qu'*il avait perdu l'esprit* Mc3.20 et *Alors arrivent sa mère et ses frères[13]. Restant au-dehors, ils le font demander. Beaucoup de gens étaient assis autour de lui ; et on lui dit : Ta mère et tes frères sont là dehors, qui te cherchent. Mais il leur répond : Qui est ma mère ? Qui sont mes frères ? Et parcourant du regard ceux qui étaient assis en cercle autour de lui, il dit :* **Voici ma mère et mes frères. Celui qui a fait la volonté de Dieu, celui-là est mon frère, ma sœur, ma mère.** Mc3.31

Il faut imaginer Marie inquiète, méditant à nouveau sur la vocation de son fils.

Rejoignons Marie dans son attention inquiète.

Luc nous rapporte un autre épisode où Marie est implicitement mentionnée : *Tandis que Jésus parlait ainsi, une femme, élevant la voix du milieu de la foule, lui dit : Heureux le sein qui t'a porté ! Heureuses les mamelles qui t'ont allaité ! Et il répondit :* **Heureux plutôt ceux qui écoutent la parole de Dieu, et qui la gardent !** Lc11.27

Jésus ne renie pas sa mère ni les siens à travers ces deux réponses mais enseigne une famille nouvelle, une famille élargie à ceux qui partagent la *Bonne Nouvelle.*

Rejoignons Marie dans sa foi.

Or, près de la croix de Jésus se tenait sa mère. Jn19.25

Marie est présente au pied de la croix où le Christ la confie à Jean : **Femme, voici ton fils. Puis il dit au disciple : Voici ta mère.** Jn19.25

Le *disciple qu'il aimait* la reçoit comme sa mère, la mère de tous les vivants, de tous les croyants.

Reconnaissons Marie comme notre mère.

Après la *Résurrection*, Marie reste avec les apôtres : *Alors ils retournèrent à Jérusalem, de la montagne appelée des oliviers, qui est près de Jérusalem, à la distance d'un chemin de sabbat. Quand ils furent arrivés, ils montèrent dans la chambre haute où ils se retrouvaient Pierre, Jean, Jacques, André, Philippe, Thomas, Barthélemy, Matthieu, Jacques fils d'Alphée, Simon le Zélote, et Jude fils de Jacques. Tous unanimes persévéraient dans la prière, avec les femmes dont Marie, mère de Jésus, et avec les frères de Jésus.* Ac1.12

Rejoignons Marie priante.

Marie fait évidemment partie des disciples réunis autour des Apôtres lorsque l'Esprit-Saint est diffusé à la Pentecôte : *Quand le jour de la Pentecôte arriva, ils se trouvaient réunis tous ensembles.* Act2.1

Rejoignons Marie dans l'Esprit-Saint.

Dans sa vision de l'Apocalypse, Jean témoigne de sa vision de Marie couronnée : *Puis il parut dans le ciel un grand signe : une femme revêtue du soleil, la lune sous ses pieds, et une couronne de douze étoiles sur sa tête.* Ap12.1

Confions à Marie notre vie.

LES SEPT PAROLES DE MARIE

Luc et Jean rapportent sept paroles prononcées par Marie sur lesquelles saint Bernardin de Sienne[14] a notamment conduit une méditation : « *Quel mortel, s'il ne s'appuie sur la Parole divine, osera célébrer peu ou prou, de ses lèvres non purifiées ou même souillées, cette véritable Mère de Dieu et des hommes, que Dieu le Père, avant tous les siècles, a prédestinée à rester perpétuellement vierge, que le Fils a choisie pour sa très digne Mère, en qui le Saint-Esprit a préparé le séjour de toute grâce ? »*

Dans sa méditation, il discerne « *Les sept flammes de son Cœur embrasé* » : les flammes de l'amour séparant, de l'amour transformant ; de l'amour communiquant ; de l'amour jubilant ; de l'amour savourant ; de l'amour compatissant et de l'amour consumant !

Lors de l'Annonciation, Marie s'adresse deux fois à l'Ange du Seigneur : l'Ange révèle à Marie la grâce que Dieu lui accorde : *Je te salue, Comblée-de-grâces, le Seigneur est avec toi. À cette parole, elle fut toute bouleversée.* Lc1.28 Marie répond implicitement *Me voici* puis, demandant à l'Ange : *Comment cela se fera-t-il, puisque je ne connais pas d'homme ? [...]*

Marie exprime sa lucidité avant de s'engager en pleine conscience, sans réserve : *Voici la Servante du Seigneur, qu'il me soit fait selon ta parole.* Lc1.34

La profession de foi de Marie ouvre les voies du Seigneur avec une simplicité radicale et *transformante*. Cette parole, rappelée dans l'*Angelus*, nous appelle à son exemple.

Rejoignons Marie dans le mystère de l'Annonciation.

Lors de la Visitation, Marie s'adresse à Élisabeth pour la saluer et la louer le Seigneur : *Elle entra dans la maison de Zacharie, et salua Élisabeth* Lc1.40. Conformément à l'usage, Marie dit implicitement : *La Paix soit avec Toi !*

Si les termes de la salutation n'ont pas été écris par Luc, leur réalité est indubitable car c'est en les entendant qu'Élisabeth a senti son enfant *tressaillir d'allégresse.* Lc1.44

Élisabeth s'écria : *Tu es bénie entre toutes les femmes et le fruit de tes entrailles est béni. [...] Heureuse celle qui a cru à l'accomplissement des paroles du Seigneur. Marie dit alors :* **Mon âme exalte le Seigneur, exulte mon esprit en Dieu mon Sauveur. Il s'est penché sur son humble servante, désormais tous les âges me diront bienheureuse. Le Puissant fit pour moi des merveilles, saint est son nom. Son amour s'étend d'âge en âge, sur ceux qui le craignent. Déployant la force de son bras, il disperse les superbes. Il renverse les puissants de leur trône, il élève les humbles. Il comble de biens les affamés, renvoie les riches les mains vides. Il relève Israël son serviteur, il se souvient de son amour, de la promesse faite à nos pères, en faveur d'Abraham et de sa race à jamais.** Lc1.46

La *jubilation* de Marie dans le *Magnificat* est destinée à se propager à toutes les générations.

Rejoignons Marie dans le mystère de la Visitation.

Marie s'adresse à Jésus à Jérusalem et à Cana puis aux serviteurs de la noce.

Lors d'une célébration de la fête de Pâques à Jérusalem, Marie et Joseph se trouvent séparés de Jésus, il a alors douze ans : *Au bout de trois jours, ils le trouvèrent dans le temple, il était avec les docteurs, les écoutant et les interrogeant. Tous ceux qui l'entendaient étaient frappés de son intelligence et de ses réponses. Quand ses parents le virent, ils furent saisis d'étonnement, et sa mère lui dit :* **Mon enfant, pourquoi as-tu agi de la sorte avec nous ? Voici, ton père et moi, nous te cherchions avec angoisse.** Lc2.48

Marie connaît l'inquiétude maternelle et la joie des retrouvailles. L'épisode exprime le mystère parfois déroutant du Christ qui réclame notre confiance entière pour le comprendre.

Rejoignons Marie dans le mystère du Recouvrement.

Lors des noces de Cana, Marie _compatissante_ s'adresse à Jésus : _Le vin ayant manqué, la mère de Jésus lui dit : **Ils n'ont plus de vin**_ Jn2.3 puis s'adressant aux serviteurs : **_Faites tout ce qu'il vous dira_** Jn2.5.

Marie témoigne de sa sollicitude au service des autres. La demande de vin à son fils prophétise ce sang qu'il répandra pour notre Rédemption. Sa dernière parole nous livre son enseignement essentiel au service du Seigneur, _l'amour consumant._

Rejoignons Marie dans le mystère des Noces de Cana.

Après le premier miracle de Jésus, plus aucune parole de Marie n'est rapportée mais elle accompagne Jésus par une méditation attentive et muette, puis les disciples, dans leurs doutes et leur foi. En réalité, elle fera plus que cela...

LES DOUZE ENGAGEMENTS DE MARIE

La Vierge Marie, qui lors de l'Annonciation faite par l'ange, reçut le Verbe de Dieu à la fois dans son cœur et dans son corps, et présenta au monde la Vie, est reconnue et honorée comme la véritable Mère de Dieu et du Rédempteur. Rachetée de façon éminente en considération des mérites de son Fils, unie à lui par un lien étroit et indissoluble, elle reçoit cette immense charge et dignité d'être la Mère du Fils de Dieu, et, par conséquent, la fille par prédilection du Père et le sanctuaire du Saint-Esprit, don exceptionnel de grâce qui la met loin au-dessus de toutes les créatures dans le ciel et sur la terre. Mais elle se trouve aussi, comme descendante d'Adam, réunie à l'ensemble de l'humanité qui a besoin de salut : bien mieux, elle est vraiment selon saint Augustin « Mère des membres du Christ... ayant coopéré par sa charité à la naissance dans l'Église des fidèles qui sont membres de ce Chef » C'est pourquoi elle est saluée comme un membre suréminent et absolument unique de l'Église, modèle et exemplaire admirables pour celle-ci dans la foi et dans la charité, objet de la part de l'Église catholique, instruite par l'Esprit-Saint, d'un sentiment filial de piété, comme il convient pour une mère très aimante. Lumen Gentium Vatican II 1964

Marie était prédisposée à répondre à l'appel du Seigneur, elle a accueilli l'invitation à la joie qui lui était faite *Réjouis-toi Marie, sois sans crainte !* et nous a ainsi ouvert à la **Bonne Nouvelle** : *Je suis la servante du seigneur, qu'il m'advienne selon ta parole.*

Marie a le cœur franc et sincère, transparent au Saint-Esprit, comme Jésus nous y appelle : *Que votre oui soit oui, que votre non soit non. Ce qui est en plus vient du Mauvais.* Mt 5.37

Marie est le modèle de la vie chrétienne qu'elle éclaire par son exemple et ses douze engagements :
Le oui primordial, à la volonté de Dieu.
Le oui de l'Annonciation, celui du Fiat.
Le oui de la Visitation, celui du Magnificat.
Le oui de Bethleem, celui de la Nativité.
Le oui de la Présentation de Jésus au Temple.
Le oui de sa vie d'épouse et de mère à Nazareth.
Le oui à la vocation de son fils à Jérusalem.
Le oui de sa confiance en son fils à Cana.
Le oui au pied de la croix.
Le oui au Cénacle.
Le oui dans la gloire de Dieu.
Le oui à nos demandes d'intercessions.

Marie est allée au bout de son engagement. C'est donc avec une absolue confiance que nous pouvons requérir sa protection en priant :

Sub Tuum Presidium

Sous ta protection, nous nous réfugions sainte Mère de Dieu. Ne rejette pas les supplications que nous t'adressons dans tous nos besoins, mais de tous périls libère-nous toujours Vierge glorieuse et bénie. Amen !

MARIE, MÈRE DE MÉMOIRE

La distanciation de l'Église de Rome avec les Églises d'Orient résultant des vicissitudes de l'histoire a éloigné le catholicisme de ses origines mésopotamiennes alors qu'il s'appuyait sur les traditions latines et grecques. Les chrétiens ont cependant approfondi progressivement leur perception de Marie, mère de Jésus, mère de Dieu, avec l'intuition que sa participation à la Révélation dépassait le rôle discret que les textes laissaient entendre.

De récentes découvertes exégétiques ont remis en lumière la tradition orale en lien avec le corpus des Églises orientales transmis dans la langue du Christ, l'araméen, dévoilant la contribution considérable de Marie à la transmission de la Parole de Dieu[15]. Les racines de cette élucidation remontent de la déportation des Hébreux à Babylone au cours de laquelle ceux-ci s'enrichirent de la culture mésopotamienne et où l'ange Gabriel avaient jadis inspiré à Daniel la prophétie sur le Verbe (Daniel 9).

Marie n'est pas seulement la jeune fille soumise non plus que Joseph n'est seulement sa caution et son protecteur. Tous deux sont de la descendance de David et conscients de leurs rôles dans le plan de Dieu.
Très jeune, orpheline de Joachin et Anne, Marie est confiée à Anne une veuve consacrée, puis au service du Grand prêtre Syméon et du rabbi Hillel au Temple de Jérusalem où elle développe une grande intelligence de l'araméen et des Écritures. Elle est pénétrée de la prophétie d'Isaïe : *C'est pourquoi le Seigneur lui-même vous donnera un signe : Voici que la vierge est enceinte, elle enfantera un fils, qu'elle appellera Emmanuel (c'est-à-dire : Dieu-avec-nous)* Is7.14.

Dès l'Annonciation, Marie comprend le sort glorieux qui attend Jésus car elle connait ce que l'ange Gabriel avait annoncé à Daniel. Elle consent à son élection mais plus que nous l'imaginions jusque-là : elle va se mettre à l'écoute du Sauveur. La Révélation aux bergers après la mise au monde de Jésus puis la prophétie de Syméon au Temple, lui confirment sa vocation exceptionnelle : *Marie cependant retenait tous ces événements et les méditait dans son cœur. Les bergers repartirent ; ils glorifiaient et louaient Dieu pour tout ce qu'ils avaient entendu et vu, selon ce qui leur avait été annoncé.* Lc2.19-20.

Douze ans plus tard, Jésus montrera toute son intelligence des Écritures en enseignant au Temple : *Il leur dit :* **Comment se fait-il que vous m'ayez cherché ? Ne le saviez-vous pas ? C'est chez mon Père que je dois être.** *Mais ils ne comprirent pas ce qu'il leur disait. Il descendit avec eux pour rentrer à Nazareth, et il leur était soumis. Sa mère gardait dans son cœur tous ces événements. Quant à Jésus, il grandissait en sagesse, en taille et en grâce, devant Dieu et devant les hommes.* Lc2.49-52 La conviction de Marie s'affirmit à mesure que Jésus grandit.

L'expérience de la Sainte famille est celle d'un amour extraordinaire. Marie et Jésus se comprennent à demi-mots par l'intermédiaire des Écritures, Marie est entièrement mère pour son enfant mais beaucoup plus encore en l'accompagnant dans sa mission et diffusant son enseignement. En gardant les événements *dans son cœur,* Marie mobilise son intelligence, sa mémoire et sa volonté, là où la sagesse ancienne les situait, le cœur irriguant la spiritualité (la tête) et les sentiments et les instincts (les entrailles).

Sur la croix, Jésus confie Jean à l'enseignement de Marie comme le révèle la traduction de l'araméen contrairement au sens donné par la traduction en grec qui lui est postérieure. Après la Pentecôte, Marie va jouer le rôle de ***mère de mémoire*** avec d'autres femmes vouées auprès des apôtres et des disciples, les inspirant et les affermissant et leur transmettant certains récitatifs. La recherche révèle que les Évangiles ont été écrits dès après l'Ascension, contrairement à ce qui a été longtemps cru et à partir de la récitation des témoins de la vie de Jésus, avançant l'hypothèse que Marie est au cœur de l'interprétation et de leur composition notamment avec Jacques, Pierre et Jean pour écrire l'Évangile de Luc, évangile de complétion après ceux qui avaient été écrits par Matthieu et Marc mais aussi avec les propres écrits de Marie. Les Pères de l'Église avaient vu juste, derrière son apparent effacement, Marie est bien la porte du Ciel.

NOTES

[1] Alain de la Roche, (†1475), dominicain français, fondateur des confréries du *Rosaire*.

[2] Louis-Marie Grignion de Montfort, (†1716), prêtre français, fondateur de la Compagnie de Marie (Pères montfortains) et des Frères de saint Gabriel. Tout particulièrement consacré à Marie, il est l'auteur, notamment, du *Traité de la vraie dévotion à la Vierge Marie* et du *Secret admirable du Très saint Rosaire pour se convertir et se sauver*. Il a été canonisé en 1947 par le Pape Pie XII.

[3] En 1571, lors de d'une bataille navale au large de Lépante en Grèce, la flotte de la Sainte Ligue chrétienne vainquit la flotte ottomane, donnant un coup d'arrêt à l'expansion musulmane en Europe.

[4] Les dogmes de l'Église s'appuient sur des argumentaires d'une grande richesse qu'il n'est pas possible d'exposer ici et auxquels nous sommes invités à nous référer.

[5] Lors de la récitation de la profession de foi, s'incliner à l'évocation de l'Incarnation.

[6] La profession de foi du *Quicumque, ou Symbole d'Athanase,* exprime avec vigueur le dogme de la Trinité. Le texte est attribué à l'évêque Athanase d'Alexandrie, Athanase le Grand, (†373) ou à l'évêque Fulgence de Ruspe, (†533), partisans de la doctrine de la consubstantialité des trois personnes en opposition à la position arienne, niant la divinité du Christ.

[7] *Ne nous soumets pas à la tentation* jusqu'en 2017, *Ne nous laissez pas succomber à la tentation* jusqu'en 1966.

[8] Insérer la clausule entre les deux parties de l'*Ave Maria*.

[9] Du latin *agonia*, issu du grec ancien signifiant *combat*.

[10] Faustine Kowalska, (†1938), religieuse polonaise de la Congrégation des Sœurs de Notre-Dame de la miséricorde.

[11] *Ordre des Servites de Marie*, créé en 1233 par sept marchands florentins, Alexis (Alessio Falconieri), Bonfils (Bonfilio), Bienvenu (Bonagiunta), Manet (Manetto), Amédée (Amadeo), Sosthène (Sostegno) et Hugues (Uguccione) canonisés « *comme un seul homme* » par le pape Léon XIII en 1888. Les *Servites*, appartenant aux ordres mendiants, contemplatifs et apostoliques, appliquent la règle de saint Augustin, ils ont été appelés *Blancs manteaux* en raison de la couleur de leurs tuniques.

L'Ordre est une communauté de laïcs ou prêtres réunis au nom du Seigneur Jésus, *« pour témoigner de l'Évangile en communion fraternelle et être au service de Dieu et du prochain, en s'inspirant constamment de sainte Marie, Mère et Servante du Seigneur. »* OSM, constitution, art 1. Des femmes se sont associées à l'ordre, formant désormais l'*Ordre séculier des Servites de Marie.*

[12] Jean-Paul Hoch (1945-), père spiritain français.

[13] Les *frères de Jésus* désignent des cousins et non pas des enfants de Marie.

[14] Bernardin de Sienne, (†1444), prédicateur franciscain italien. Il fut un promoteur du monogramme du nom de Jésus : IHS (IHΣ monogramme grec du nom complet IHΣOYΣ avec I=J, H=E, Σ=S) ou encore en latin *Iesus Hominis salvator* (Jésus sauveur des hommes).

[15] *Marie, mère de mémoire*, 2019 par Pierre Perrier

Manufactured by Amazon.ca
Bolton, ON